# RECUEIL

### DE

## DIFFÉRENS PROJETS

### TENDANS AU BONHEUR

## DES CITOYENS.

*Tutta voltà per andar incontro ad una difficoltà, che retien' molti da comprare, e dal leggere di tali libri, sarrebbe forse utile consiglio, che in vece di impegnarsi a volumi periodici, che promettono una longa continuazione, si facesse pur qualche cosa da perse, e non paresse opera imperfetta, qualunque voltà non si continuasse.*

Extrait de la *Bibliopée*, ou l'art de composer les Livres, par M. Charles Denina, Professeur d'Éloquence et de langue Grecque, page 168; édition de Turin, 1776.

Traduction. Toutes les fois qu'il s'agit de surmonter une difficulté qui repousse le plus grand nombre des acheteurs, et empêche qu'on ne lise un Ouvrage, je crois que ce seroit donner un conseil très-utile à son Auteur, en lui disant qu'au lieu de s'attacher à composer des Ouvrages périodiques qui promettent un très-grand nombre de volumes, il vaudroit beaucoup mieux que chaque volume formât un tout, et ne parût pas un Ouvrage incomplet, quoiqu'il ne fût pas continué.

# RECUEIL

## DE

## DIFFÉRENS PROJETS

### TENDANS AU BONHEUR

## DES CITOYENS;

Dans lesquels on trouve divers Mémoires sur différens objets d'Économie publique, de Mécanique, de Littérature et de Morale, traduits en partie des principales Langues de l'Europe. Le tout enrichi d'un grand nombre de figures gravées en taille-douce, qui représentent des machines peu connues en France, et dont le but est d'accélérer le service dans les hôpitaux et autres grands établissemens, en y épargnant la peine des hommes.

### PAR M. PINGERON,

Membre de l'Académie royale des Sciences et Arts de Barcelone, ancien Secrétaire du Musée de Paris, Correspondant de cette Société, et attaché au Bureau des Plans du Département des Bâtimens du Roi, à Versailles.

*L'alte non temo, e l'umili non sdegno.*
Le Tasse, Chant 2r.

## A PARIS,

Chez CRAPART, Libraire, place Saint-Michel.

## M. DCC. LXXXIX.

### AVEC APPROBATION, ET PRIVILÉGE DU ROI.

# A L'HOMME

QUI AIME VÉRITABLEMENT

LES SCIENCES, LES LETTRES ET LES ARTS

QUI EST HEUREUX

LORSQU'IL LEUR VOIT PRODUIRE

DES CHOSES

GRANDES, UTILES, INTÉRESSANTES.

HEUREUX

LORSQUE CEUX QUI LES CULTIVENT,

REÇOIVENT LA RÉCOMPENSE

DE LEURS TRAVAUX.

# A L'HOMME

QUI NE VEUT PAS QUE JE LUI RENDE

UN TÉMOIGNAGE PUBLIC

DE MA RECONNOISSANCE,

PARCE QU'IL CRAINT QU'UN PAREIL TRIBUT

N'AFFAIBLISSE UN SENTIMENT PUR,

QUI NE DOIT ÊTRE QUE L'EXPRESSION

# DE L'AMITIÉ.

L'AN M. DCC. LXXXXIX.

# LETTRE

*Sur le projet de construire quatre nouveaux Hôpitaux à Paris.*

Les cris des malheureux, étouffés, pour ainsi dire, dans le même cloaque, ( l'hôtel-Dieu de Paris ) ont donc enfin percé jusques aux palais des Rois ? Notre auguste Monarque les a donc entendus, et ce spectacle, que la capitale offroit à l'étranger surpris, va donc disparoître ! Un nouvel ordre de choses renaîtra, les morts et les mourans ne seront plus confondus dans le même lit.

On se propose d'établir quatre grands hôpitaux à Paris, vraisemblablement dans les quartiers les plus éloignés les uns des autres, et qui sont les plus habités par cette classe de citoyens qui ont le plus de besoin de secours de cette espèce, secours qu'un peu plus de prévoyance de leur part, et plus de mœurs, rendroient moins nécessaires. Cette nouvelle expédition de bienfaisance, si l'on peut se servir de ce terme,

A "

m'a déterminé à publier quelques-unes de mes réflexions sur cet objet si important.

Je n'examinerai point si les hôpitaux, en offrant quelquefois des ressources à la paresse, malgré l'espèce de flétrissure que laisse un pareil séjour, n'ont pas quelques inconvéniens. J'observerai seulement qu'il existe des hôpitaux dans toute l'Europe, qui sont plus ou moins bien dirigés. Dès ce moment on doit présumer qu'ils sont indispensables, ne fût-ce que pour les blessés, les étrangers et les personnes du sexe, qui ont en général plus de besoins que les hommes, et moins de ressources physiques et morales, par l'usage injuste et barbare où nous sommes de moins payer leurs travaux.

Des maisons de santé répandues dans les grandes paroisses de Paris, dirigées chacune par un médecin à demeure, payé par les paroissiens, et qui seroient desservies par des sœurs ou par des frères de la charité, offriroient de grands secours. 1°. Les médecins auroient plus d'occasions de voir un grand nombre de maladies différentes, et de les suivre avec plus d'assiduité qu'ils ne le font pour l'ordinaire, quand ils sont trop livrés à la pratique dans la ville. 2°. La médecine *clinique*, la seule qui soit réellement utile aux hommes, feroit de plus grands progrès. Des maisons religieuses, qui sont désertées pour la plupart, offriroient des hôpitaux tout construits.

Ne conviendroit-il pas encore d'inviter les artisans à former entre eux ces espèces d'associations, dont il existe de nombreux exemples en Allemagne et en Angleterre, pour avoir chacune tant de lits dans ces maisons de santé, comme les compagnons de quelques corps de métiers en ont formé jadis, pour assurer leur subsistance par le travail. Il est certain que ces dernières ont dégénéré en abus, donné lieu à des vices et même à de fréquens homicides. C'est aussi ce qui a fait sagement proscrire le *devoir*. Mais ces abus n'ont eu lieu que par l'espèce de clandestinité de ces associations, et par la crainte qu'ils inspiroient dans les temps orageux. Ces temps ont disparu.

1. Que les clubs ou associations de bienfaisance entre les individus de la même classe, sous l'inspection des magistrats, se

renouvellent et s'établissent, les secours seront alors sagement et promptement administrés ; mais que la police inférieure en soit sur-tout confiée à des particuliers de la même tribu, qu'on les change toutes les années, et qu'ils soient comptables à la première réquisition ; enfin qu'une peine capitale, punisse les prévaricateurs.

Une légère contribution, levée chaque jour sur les membres du club, suffira à son entretien. Le bien s'opérera facilement et sans efforts, les liens de la société se resserreront, et la mauvaise honte de recevoir des secours de ceux qui n'en doivent que par humanité, n'aura plus lieu. Un membre de tel club sera soulagé par ses confrères, et l'homme pauvre, mais sensible, ne périra plus faute de secours ; il ne sera plus qu'un particulier malade dans sa famille. Il résultera encore de ce projet un autre avantage ; c'est la diminution de ce nombre prodigieux de vagabonds et de gens sans aveu, parce que dès l'instant qu'on tiendroit à honneur, d'appartenir à une classe ou à une tribu, il y auroit de toute nécessité une espèce d'infamie de ne tenir à aucune. C'est dans cette vue sage que les Suisses vivans dans les villes, sont tous membres de quelques corporations, et que les Anglois offrent, dans des boîtes d'or, des lettres de maîtrise à un Grand qui aura rendu quelques services importans à l'état. Cet usage vénérable et antique, que la corruption des mœurs fait regarder ici comme ridicule, équivaut à cette expression de la voix publique : *Vous nous avez servis ; nous vous associons à ceux qui depuis long-temps servent l'état et la patrie par leur zèle et leurs travaux, comme vous venez de le faire par vos lumières ou par votre courage.*

Des secours distribués dans les familles auroient aussi de grands avantages ; mais il importeroit sur-tout que les cas qui les rendent nécessaires fussent moins nombreux.

Puisque les villes dépeuplent les campagnes, et que le cultivateur en général ambitionne la gloire de porter les marques *chamarrées* de la servitude, vu qu'il n'y a plus de petites propriétés qui l'attachent au sol, il faudroit que tout maître fît soigner à ses frais ses propres domestiques, comme

Joseph II, l'Alcide de la Germanie, qui combat avec le même succès que celui de la Grèce, les abus personnifiés sous l'emblême des monstres, vient de l'ordonner dans ses états.

Toutes les professions où le nombre des maîtrises est sagement borné, pour prévenir la fraude et faire prospérer l'art, devroient entretenir leurs pauvres, et exercer sur leurs membres une sorte de censure, qui préviendroit qu'ils ne tombassent un jour dans l'indigence. Loin de concerter dans leur sein les moyens de retenir l'ouvrier dans la pauvreté, pour le rendre plus dépendant, elles devroient s'occuper du soin de le rendre plus aisé, pour qu'il fût plus industrieux, et moins dans le cas de leur être un jour à charge.

Quant aux moyens de diminuer la classe des inutiles et des batteurs de pavé, ce seroit de n'admettre aucune différence entre l'escroquerie et le vol ; flétrir le banqueroutier qui porte dans son bilan des crédits faits légèrement à des enfans de famille, ou à des particuliers peu solvables ; pour des objets qui ne sont pas de première nécessité ; proscrire les tripots, reléguer les prostituées, comme en Italie, dans certains quartiers éloignés, où elles ne pourroient point causer de scandale, et tendre facilement des piéges à la jeunesse imprudente ; enfin, en diminuer le nombre, en punissant sévèrement les matrones et les corrupteurs. D'après de pareils moyens, le nombre des malheureux diminueroit, la nation reprendroit sa première énergie, et l'homme honnête jouiroit alors de la considération qu'il mérite, et les hôpitaux seroient moins fréquentés.

Avant d'établir les nouveaux hôpitaux, et de statuer sur leurs régimes, ne conviendroit-il pas de se procurer des renseignemens sur ceux des principaux hôpitaux de l'Europe, tels que sont les hôpitaux du Saint-Esprit, *in Sassia* à Rome ; celui de Saint-Jean à Malthe, où les malades sont seuls ; l'*albergho dei poveri* à Gènes ; les différens hôpitaux de Vienne, de Milan, de Londres, de Madrid ; l'hôtel-Dieu de Lyon et celui de Châlons-sur-Saône, qui m'a paru le mieux dirigé ? Un Anglois, touché de la misère des prisonniers dans son pays, a entrepris,

de son propre mouvement, le voyage de
l'Europe, pour examiner la manière dont
ils y étoient traités dans tous les endroits
policés. Ne pourroit-on pas se procurer les
mêmes renseignemens, en invitant les différens ministres que la France entretient dans
toutes les cours de l'Europe, à procurer ces
notices? Ce seroit les humilier, que de leur
en proposer le modèle.

J'acheverai enfin cet article, en proposant
un moyen bien simple pour avoir les meilleurs plans d'hôpitaux, d'après les renseignemens reçus et adoptés : c'est de proposer
ce projet au concours, et d'inscrire en lettres
d'or le nom de l'architecte qui aura vu
couronner son travail, sur une des portes
les plus en vue du nouvel hôpital. Cette
espèce d'apothéose suffiroit seule pour encourager et enflammer tous les artistes.

Je suis, Monsieur, votre très-humble et
très-obéissant serviteur, PINGERON.

A Versailles, ce 10ᵉ. février 1787.

# LETTRE

## DE M. DUFOUR,

### DOCTEUR EN MÉDECINE,

### A M. PINGERON,

*Sur les inconvéniens qu'il y a de mêler, dans les hôpitaux, les maladies aiguës d'une nature différente, et sur la nécéssité d'avoir une maison particulière pour le traitement de la Folie.*

MONSIEUR,

Je vous communique avec plaisir quelques-unes de mes réflexions sur la nécessité d'avoir, dans les grandes villes, une maison destinée au seul traitement de la folie, et sur les hôtels-Dieu en général. Je n'oublierai cependant pas ce qu'un sage disoit à l'académie françoise : « C'est en vain « qu'une foible voix s'élève contre les usa- « ges ; il est même difficile de les attaquer, « sans blesser l'amour-propre de ceux qui

« les suivent. L'approbation qu'ils leur ac-
« cordent en s'y conformant, est une espèce
« d'empire dont ils sont trop flattés, pour
« n'en être point jaloux, et pour ne pas s'ir-
« riter de tout ce qui peut y porter at-
« teinte. »

Cependant, comme c'est une sorte de consolation que de pouvoir compatir aux misères humaines, pourquoi nous laisserions-nous tyranniser par des opinions établies, plutôt que de nous livrer à cette pitié qui attendrit le cœur qui n'a pas appris à lui résister, et qui concourt en même temps à la conservation de notre espèce ? Qu'elle seroit à plaindre, cette ame qui ignoreroit l'effet de ce sentiment que produit l'aspect des tristes asiles de l'humanité souffrante ! Il faut espérer que le bien-être que les malades trouveront dans les nouveaux hôpitaux dont Sa Majesté vient d'ordonner la construction, diminuera les effets de ce sentiment, souvent plus funeste pour ceux qui sont malades, que les maux dont ils sont affligés.

Je souhaiterois, monsieur, que pour faire disparoître, autant qu'il seroit possible, ce que l'indigence a de plus formidable, c'est-à-dire, cette espèce de honte que l'imagination des hommes attache au besoin des hôpitaux, on y réservât un certain nombre de salles, où les étrangers, les voyageurs et tous ceux qui se trouveroient dans le besoin, fussent admis en payant tant par jour. Il conviendroit encore que le prix de ces salles variât un peu, pour se prêter aux différentes facultés des malades qui pourroient s'y présenter.

On craint que cette admission n'entraînât des abus : mais seroit-il plus difficile de les prévenir à Paris, que dans les villes où cet usage subsiste depuis très-long-temps ? Que la place d'administrateur d'un hôpital soit plutôt un honneur pour les citoyens à qui on la confieroit, qu'un emploi utile : on trouveroit pour lors un grand nombre de particuliers qui, loin de songer à faire des bénéfices sur la substance des pauvres, sacrifieroient plutôt leur propre fortune pour les soulager (1).

_______________

(1) Cette réflexion, qui prouve l'honnêteté de l'auteur de cette lettre, suppose que le choix des administrateurs

Cette admission, qui assimileroit en quelque façon l'indigent avec l'homme aisé,
seroit également utile aux malades, qui sans
être dans une pauvreté absolue, sont em-
barrassés, parce qu'ils sont isolés, aux
étrangers qui se trouvent à Paris, et à ces
vertueux citoyens sans fortune, que l'opinion force à dévorer en silence les chagrins
les plus cuisans. On sait que celui qui a le
moins de préjugés à combattre, est infiniment moins malheureux quand il est dispensé d'ajouter au poids de la misère qui l'ac-

---

des hôpitaux se feroit par acclamation, et à la pluralité
des voix, et que ces places ne seroient plus à la nomination du crédit sollicité. Le feu pape Ganganelli avoit
pour maxime de ne jamais accorder de places à ceux qui
les sollicitoient ou les faisoient solliciter. *Je veux*, disoit
ce célebre pontife, *un homme dont la place ait besoin, et
qui n'ait pas besoin de la place.* Paroles d'un grand sens,
qui devroient être gravées sur des tables d'airain, chez
tous ceux qui partagent l'administration.

La méthode que l'on suit à Lyon, pour le choix des
recteurs ou administrateurs des deux beaux hôpitaux de
cette ville, mériteroit d'être imitée par-tout, dans le cas
où cette élection ne se feroit pas par acclamation. Nul
citoyen n'y peut parvenir à l'échevinage, qui donne la
noblesse, qu'il n'ait été administrateur d'un des deux
hôpitaux. Chacun de ces recteurs est obligé d'avancer une
somme de dix mille livres, sans intérêts, à ces maisons,

cable, celui de la contrainte et du secret. Mais, faisant abstraction du mal moral, auquel le plan de M. Poyer remédieroit, par l'établissement des salles où l'on pourroit payer, ne devroit-on pas dire qu'il conviendroit de multiplier les salles des nouveaux hôpitaux, au point de n'avoir qu'une seule espèce de maladie dans chacune ?

Cette remarque est à-peu-près la même que celle des commissaires chargés par l'académie de l'examen du projet du nouvel hôtel-Dieu. Ils disent en effet, dans plusieurs endroits, « qu'il y a actuellement confu-

---

pendant deux ans. Cette somme leur est remboursée par ceux qui leur succèdent, à moins qu'ils ne veuillent la laisser en pur don à l'hôpital, ce qui arrive souvent. Ces recteurs s'assemblent plusieurs fois par semaine, n'agissent que d'après des délibérations prises en comité, et surveillent eux-mêmes les subalternes, qui sont constamment inspectés par un ecclésiastique d'une vertu et d'une probité reconnues : celui-ci porte le nom d'*économe*, et ne quitte sa place qu'avec la vie. Les réglemens de ces hôpitaux mériteroient d'être plus connus, vu la sagesse et la prévoyance qui régnent à chaque ligne. Toutes les parties s'y contrôlent réciproquement, et toute espèce de prévarication majeure s'y aperçoit sur le champ : méthode admirable, qui, dans un siècle de dépravations, oppose toujours un rempart à la cupidité et au brigandage.

« sion dans les départemens ( à l'hôtel-
« Dieu) ; que les maladies inflammatoires, la
« petite-vérole, le scorbut, la folie, et enfin
« toutes les maladies où il y a fièvre ardente
« et des émanations putrides, doivent être
« traitées dans des salles différemment éle-
« vées que celles qui sont pour les maladies
« des personnes âgées, foibles, cacochymes,
« etc. » Ces dernières observations portent
sur la nécessité d'introduire dans les unes
plutôt que dans les autres, un plus grand
volume d'air, et d'éviter que l'association
des malades ne rende plus fréquentes les
méprises des remèdes et des alimens. Enfin,
disent-ils : « Dans un hôpital bien ordonné,
« on doit avoir un quartier, ou des salles
« éloignées, pour les maladies contagieuses,
« comme la teigne, la galle, le mal véné-
« rien, la petite-vérole, la rougeole, cer-
« taines fièvres malignes et certaines dy-
« senteries. »

Ces raisons ne sont pas les seules qui mi-
litent contre les grandes salles des hôpitaux,
où tant de maladies différentes sont mêlées
et confondues. Il y en a d'autres, pour le
moins aussi importantes. Celle qui se pré-

( 15 )

sente la première , est l'impossibilité où se
trouve un médecin de saisir l'état positif
de chaque malade. En effet , lorsque son
attention se trouve si rapidement partagée
entre tant d'accidens qui résultent de maladies si diverses ; ne lui est-il pas impossible , eût-il la mémoire la plus forte , et la
perspicacité la plus grande , de s'assurer , au
milieu d'une pareille confusion , de l'état
actuel du malade et de la maladie ? Combien de méprises ne se commet-il pas , et
qui n'arriveroient point ( ou si elles arri-
voient , elles seroient de très-peu de consé-
quence) , s'il n'y avoit qu'une seule classe de
maladies dans la même salle ?

Je n'entreprendrai point d'estimer le
nombre de personnes qui meurent journellement dans les hôpitaux , la cause et le
siége de leurs maladies demeurant inconnus ,
même après l'ouverture des cadavres. Je ne
parlerai point non plus de ces différens sys-
têmes qui se succèdent si rapidement, et
du *décord* des médecins consultés sur la
même maladie : ces faits sont trop connus
pour qu'on ne soit pas autorisé à dire, que
puisqu'il n'arrive que trop souvent qu'après

des raisonnemens sages, des recherches exactes, et des examens réfléchis, on ne peut venir à bout, comme le dit *Gaubius*, de reconnoître la cause et le siége d'une maladie, à combien de méprises et d'illusions n'est-on pas exposé, en passant aussi rapidement en revue tant de maladies différentes, dont chacune se trouve plus ou moins compliquée, en raison du tempérament, de l'âge, du sexe, de la constitution de chaque malade ? Il suffit d'exposer le fait, pour que ceux qui sont convaincus qu'il y a peu de cas qui ne demandent de longues discussions et des examens très-scrupuleux, sentent aussitôt les fâcheux inconvéniens auxquels donne lieu le mélange des maladies.

Pourquoi ne disposeroit-on pas les hôpitaux de manière que le nombre des maladies qu'on y traite, pût concourir à la conservation de l'espèce humaine ? M. de Fontenelle disoit quelque part : *Que tout ce que l'on pouvoit faire de mieux dans ce bas monde, étoit de tirer des choses tout le bien qu'il y a.* Or, ne seroit-ce pas tirer parti des choses, que de rapprocher telle-

ment

ment lès malades attaqués de la même maladie , qu'on pût découvrir , en les comparant
entre eux , et les caractères essentiels au
genre de leurs maladies , et les causes de
leurs variétés (1)? Un ensemble d'objets que
l'œil peut comparer , aide beaucoup mieux
à juger leurs rapports ou leurs différences ,
que des objets isolés , que des faits qui ne
sont souvent semblables ou différens , que
parce que la mémoire ou l'imagination les
fait trouver tels. La parfaite conformité ou
la dissemblance que l'on croit trouver quelquefois entre deux maladies , diminueroit
donc beaucoup, si les malades qui en sont
attaqués , étoient assez rapprochés les uns
des autres pour être examinés attentivement
par des yeux accoutumés à saisir les nuances
caractéristiques des accidens différens.  -

_______________

(1) On demande cependant à M. Dufour, si l'homo-
généité des miasmes pestilentiels qui émanent de ceux
qui sont attaqués de la même maladie, n'en augmente-
roit pas l'intensité au point de la rendre très dangereuse
et plus active? Des miasmes de natures différentes peuvent
se neutraliser, en se combinant les uns avec les autres.
Au reste , il s'agiroit de balancer ces inconvéniens avec
les avantages dont on vient de parler. C'est aux habiles
praticiens qu'il appartient de prononcer sur une matière
aussi délicate et aussi importante.

B

Les différences des maladies ainsi rap-
prochées, ne seroient pas seulement mieux
saisies, mais les effets inutiles, salutaires
ou contraires, des remèdes, seroient encore
mieux observés ; l'occasion d'employer dans
les mêmes cas, les mêmes moyens curatifs,
étant si prochaine, on acquerroit de jour
en jour des indications plus sures pour agir,
et une certitude plus grande des effets que
les remèdes doivent opérer dans tels ou tels
cas. On découvriroit en même temps, dans
le nombre de ceux que l'on ordonne, s'il n'y
en a pas beaucoup qui sont pour le moins
inutiles. Combien en prescrit-on tous les
jours, par la seule raison qu'on est dans
l'usage de les ordonner ?

Enfin, étant vraisemblable que les miasmes qui s'exhalent des différentes personnes
attaquées de la même maladie, se prêtent
mutuellement des forces, et que ce sont ces
forces qui rendent les constitutions épidé-
miques infiniment plus meurtrières que la
maladie ne le seroit par elle-même, si elle
n'attaquoit le même nombre de personnes
que dans des lieux ou dans des temps différens, il seroit donc de la plus grande im-

portance de séparer, sinon ceux qui sont attaqués de la même maladie, du moins ceux qui ont des maladies différentes.

En effet, il est probable que là où il y a tant de miasmes qui émanent des corps d'un grand nombre de personnes renfermées dans la même salle, et attaquées tout à-la-fois de différentes maladies, il y a toujours quelques molécules morbifiques qui ont assez d'analogie pour s'unir entre elles, selon les lois de leurs rapports. Or, lorsque cette union a lieu, il n'est pas douteux que l'intensité de ces causes n'augmente, et que les maladies qui donnent lieu à ces émanations putrides, ne s'aggravent réciproquement entre elles. « Si cet air, chargé de miasmes mor- « bifiques, ne tue pas, disent les commis- « saires, on ne sait alors jusqu'à quel point « il influe sur la mortalité, combien il re- « tarde la guérison ; et au défaut d'expé- « riences suffisantes, ne peut-on pas croire « qu'il alonge les maladies, et multiplie les « morts ? »

On voit journellement, et toujours avec peine, qu'il y a des malades qui, étant allés à l'hôtel-Dieu avec une seule maladie, en ont bientôt deux. Combien y en a-t-il qui, dans leur convalescence, contractent des maladies qui deviennent funestes, et qu'ils n'auroient pas eues, s'ils n'avoient pas été obligés de respirer le même air que les malades attaqués de ces maladies ont infecté?

S'il n'est pas douteux, comme les commissaires l'observent très-judicieusement, qu'un hôpital est insalubre, par la seule raison que les malades y ont peu d'air à respirer, cette insalubrité doit infiniment plus augmenter par les émanations putrides dont ce même air est chargé. Aussi voit-on à l'hôtel-Dieu de Paris, où chaque malade n'a qu'une toise cubique et un quart, ou une toise et demie d'air à respirer, que la mortalité y est deux ou trois fois plus grande qu'à l'hôpital de Saint-Denis, qu'à celui de la charité de Paris, qu'à l'hôtel-Dieu de Lyon et ailleurs, où les malades ont chacun deux, trois et même quatre fois plus d'air à respirer.

Je quitte, Monsieur, ces réflexions générales sur les hôpitaux, pour écouter cette voix de la nature qui réclame sans cesse les sentimens d'humanité en faveur d'un grand nombre de victimes des passions humaines ou d'une fortune adverse ; je parle des fous et de tous ceux que le trouble de la raison met au dessous des brutes : leur état est d'autant plus triste pour eux, et pour les ames sensibles, que cette maladie devenant journellement plus commune, on s'accoutume à voir ceux qui en sont affligés avec des dispositions plus mêlées d'une espèce de curiosité que de compassion (1).

Laissons à part ceux qui sont assez malheureux pour ne pas sentir au fond de leur cœur ces précieuses émotions qui entraî-

_______________

(1) La charité chrétienne devroit engager les administrateurs des hôpitaux à soustraire les insensés à la curiosité indiscrète du public. Il est d'usage à Avignon de leur donner un nom particulier, de sorte que le chef est le seul qui sache à quelle famille ces malheureux appartiennent. Le même usage existe en Hollande, mais par un motif bien différent. Les Embaucheurs, que l'on connoît dans ce pays sous le nom de *marchands d'ames*, débaptisent ceux qu'ils ont séduits, en les confinant dans les vaisseaux qui doivent les transporter sous les climats infects de Batavia ou de la Guinée. Leur objet est de soustraire ces victimes de leur rapacité, aux demandes que l'autorité supérieure fait quelquefois de celles que leurs parens ont assez de crédit pour les faire réclamer.

nent vers les infortunés, pour dire de quelle manière on devroit disposer une maison que l'on voudroit destiner au traitement de la folie.

Ce qui m'a singulièrement frappé dans ce traitement, c'est le besoin que la plupart des malades ont d'un grand air, quand ils sont dans leur accès. J'en ai vu qui demandoient avec instance qu'on ouvrît les fenêtres, quoiqu'ils fussent seuls dans une très-grande salle.

Cette remarque se trouve conforme avec celle des commissaires déja cités, qui trouvent que l'élévation d'une salle qui a 26 pieds de haut est excessive; « qu'elle conviendroit à peine aux fous qui demandent « un grand volume d'air. »

Il résulte de ces observations, qu'il faut de grandes salles pour traiter les fous, qu'il faut des enclos où ils puissent se promener dès qu'ils peuvent sortir sans danger. J'ajoute qu'il faudroit encore un endroit frais, où ils pussent se retirer quand il fait chaud. On ne sauroit croire combien il y en a qui recherchent l'humidité, et à quel point la grande chaleur leur est contraire.

La sécheresse et le manque d'air ne seroient-ils pas dans le nombre des causes
qui font que le traitement de l'hôtel-Dieu de
Paris est inutile au plus grand nombre de
ces malades, et qu'il y en a beaucoup qui
y meurent, et que les autres y deviennent
incurables ? Les deux salles qui sont destinées à cet usage, savoir celle des hommes
et celle des femmes, sont si petites, que presque tous les malades y sont deux à deux
dans un seul lit. Outre cet inconvénient, il
y a encore si peu d'espace d'un lit à l'autre,
qu'on a de la peine à passer entre deux. Le
plus grand nombre est adossé à la muraille,
et il n'y a qu'une seule fenêtre dans chacune
de ces salles, et celle-ci est encore ordinairement fermée : la porte répond à d'autres
salles, où des malades de toute espèce sont
pour le moins aussi resserrés. C'est donc
dans de pareils réduits que sont traités des
malades qui ont besoin de beaucoup d'air,
et d'un air souvent renouvelé. Ce sont là
toutes les promenades et toutes les dissipa-
tions des convalescens. S'il existe des cas
où un médecin doit avoir égard aux différens préceptes qu'Hippocrate donne dans son

livre *de äere*, *de aquis et locis*, c'est sans contredit quand il est question du traitement de la folie.

· Supposons maintenant que le traitement de l'hôtel-Dieu fût aussi utile aux fous, qu'on sait par l'expérience qu'il l'est peu en général; n'est-ce pas une inattention des plus funestes pour les convalescens, que de les laisser dans les mêmes salles, et souvent dans le même lit , avec ceux qui sont dans les accès de folie. Rien de plus utile pour ceux qui commencent à se rétablir, qu'un sommeil doux et tranquille, ét rien n'est si difficile que de leur procurer ce sommeil. On agit donc comme si l'on vouloit prolonger leur maladie ; ou en favoriser le retour, quand on laisse les convalescens dans la même salle où sont ceux qui sont dans leurs accès, et où il y en a un si grand nombre qui, au lieu de dormir, sont presque toujours disposés à remuer, à crier ou à chanter. C'est vraisemblablement parce que le local de l'hôtel-Dieu de Paris n'est pas assez considérable pour pouvoir séparer les convalescens des malades, et qu'il n'y a aucun endroit pour les promener, et leur faire respirer un air plus pur, que tous ces inconvéniens y sont malheureusement portés au plus haut degré.

Que ne vous dirois-je pas, Monsieur, de cette méthode trop généralement reçue, d'après laquelle on traite indistinctement les fous, les mélancoliques, les hypocondres et les imbécilles? Ces quatre maladies sont cependant si distinctes les unes des autres, que l'on peut assurer qu'elles n'ont rien de commun que la déraison; encore cette déraison a-t-elle un caractère qui lui est propre dans chacune de ces maladies.

En effet, les fous délirent sur tout, et dans ce délire, ils ont des accès toujours accompagnés d'extravagances, d'audace ou de fureur. Les mélancoliques, au contraire, ne délirent que sur un seul ou presque sur un seul objet, et ce délire est pour l'ordinaire accompagné de craintes ou de tristesse. Les fous ont les yeux égarés, le visage enluminé, la voix forte, la parole brève, les mouvemens prompts; tandis que le visage, les yeux et la voix des mélancoliques s'éloignent peu de leur état naturel. Ils sont à la vérité un peu plus parleurs que de coutume, quand ils s'entretiennent de l'objet de leur délire, mais leurs mouvemens sont plus lents. Enfin ils sont en général très-fixés dans leurs idées, et réservés dans leurs actions, ce qui est le contraire des fous.

Ces faits devroient suffire pour faire voir que si les effets de la mélancolie ne sont pas absolument opposés à ceux de la manie, la cause doit en être pour le moins très-différente ; or, si cette cause est différente, le traitement qui convient à l'une de ces maladies, doit être pour le moins inutile à l'autre.

J'ai souvent vu, et ce n'est pas sans douleur, qu'on traitoit les hypocondres comme les fous : les saignées, les bains, les purgatifs étoient employés comme pour les maniaques. Ces maladies sont cependant bien différentes; car les hypocondres sont presque toujours frappés de la crainte de la mort, ont des palpitations de cœur, rendent souvent des rots, des borborygmes, et ont des douleurs dans différentes parties du corps : il est vrai que l'imagination de ces malades prête à ces douleurs beaucoup plus de force qu'elles n'en ont ; mais elles n'existent pas moins, et l'effet de ces douleurs, ceux des mauvaises digestions, et l'appauvrissement des humeurs qui leur succède alors, abrègent considérablement les jours du malade.

Comment cette tristesse, cette crainte perpétuelle de la mort chez les hypocondres, (car leur maladie n'étoit appelée chez les Grecs nécrophobie, *mortis timor*, que d'après cette disposition de l'esprit qui l'accompagne) peut-elle être traitée de la même manière que la fureur audacieuse d'un fou ? Je conviens que cette maladie est distinguée chez les auteurs ; mais à quoi sert cette distinction, si on la confond dans la pratique ?

La crainte d'être trop long m'empêche, Monsieur, d'entrer dans de plus grands détails, et me fait passer ici sous silence les imbécilles et les fous qui ont des temps lucides, et ces espèces de délires qui semblent n'appartenir à aucun de ceux dont je viens de vous parler, ou plutôt qui semblent participer des uns et des autres. Ce que j'ai exposé me paroît suffire pour pouvoir en conclure, comme les commissaires, qu'il faudroit un hôpital particulier ; et dans le

fait, un hôpital où il y auroit continuellement environ quatre-vingts malades, sans
compter les convalescens et les incurables,
seroit un hôpital assez conséquent pour sub-
sister par lui-même; et il y a long-temps
que le public le desire.

Quels avantages la société ne retireroit-
elle pas d'un pareil établissement ? Et s'il y
avoit un médecin consacré à cette partie,
les succès qu'il obtiendroit pour certains
délires, le dirigeroient jusques à un certain
point pour les autres, quoiqu'ils exigeas-
sent des traitemens différens. Il se présente
une foule d'occasions où les effets des remèdes sont autant de données qui aident à
trouver ce que l'on cherche; or, en médecine,
où le champ des découvertes est encore très-
vaste, on ne doit jamais négliger de pareilles
données.

En faisant attention qu'on ne guérit pas
plus de fous aujourd'hui que du temps d'Hippocrate, ne seroit-on pas tenté de croire que,
pour cet objet, la médecine étoit parvenue
à son dernier période, lorsque Mélampe
guérit les filles de Prœtus et les femmes
d'Argos ? Vous savez cependant que les ex-

périences que je fis, et dont tous les papiers publics firent mention, donnoient des espérances tout-à-fait contraires à ces vraisemblances, puisque de six malades que je pris à l'hôtel-Dieu de Paris ou à Bicêtre, il y en eut cinq de guéris, quoique tous eussent subi inutilement le traitement de l'hôtel-Dieu.

Cependant ces expériences faites sous les auspices du gouvernement, et sous les yeux des commissaires nommés par M. Lenoir, pour lors lieutenant-général de police, et par la faculté de médecine, ne furent d'aucune utilité pour le public ; il ne me fut pas seulement possible d'obtenir la permission de traiter de pareils malades. Que sait-on si, dans différens temps, d'autres praticiens n'ont pas éprouvé les mêmes difficultés ? Je dirai, avec M. de Fontenelle, que jai déja cité, *qu'on perd tant de choses, faute de les savoir accueillir, qu'il semble que quelque génie malin nous les tire d'entre les mains.*

Tout ce qui est un peu utile aux fous devroit être singuliérement accueilli, à cause des difficultés qu'on éprouve dans leur traitement. Ces difficultés viennent en partie de ce que les malades ne rendent aucun compte ni de ce qui les incommode, ni de ce qui les soulage, ce qui ne s'oppose pas peu aux progrès de l'art. Dans les cas dont il s'agit, on n'a d'autres règles pour agir, que des idées vagues qu'on se fait de la cause du mal, et des idées plus vagues encore de la vertu dont on croit que les remèdes prescrits sont doués, pour guérir ou pour détruire cette cause. Ce n'est donc que par hasard, ou à force d'hypothèses, que l'on peut faire quelques progrès dans le traitement de ces diverses maladies.

J'avois espéré que la méthode que j'ai employée, et qui me paroît aussi sûre pour le traitement de la folie, que toutes celles qui sont connues dans la médecine, m'auroit beaucoup servi pour celui de la mélancolie; M. Lorry, qui me suivoit dans le traitement d'un mélancolique, étoit persuadé, disoit-il, que je réussirois. Je ne l'ai cependant pas continué; cette cure est trop longue et trop difficile, lorsqu'on n'a pas les malades sous sa main pour les gouverner soi-même, et les visiter aussi souvent que le cas l'exige. A moins qu'il ne s'éta-

blisse des maisons pour traiter uniquement
de pareilles maladies, et à moins que le
médecin qui en auroit la direction ne sache saisir les plus petites indications, et en
tirer parti, n'attendons pas que la médecine
avance de ce côté-là.

Enfin, tout ce qui environne les malades
concourt plus ou moins au succès de leur
traitement. Si les gardes les contrarient mal-
à-propos, s'ils ne changent pas de ton, selon que les accès diminuent ou augmentent, ce qui arrive plusieurs fois le jour,
s'ils ne profitent du foible des hypocondres
pour dissiper leurs craintes, on recule
souvent au lieu d'avancer. Il y a, en un
mot, une quantité de choses trop longues
à détailler, qui, malgré qu'elles soient mi-
nutieuses, ne contribuent pas moins à leur
guérison. Ce n'est donc que dans une maison montée et servie par des domestiques
intelligens, et faits à ce genre de service,
que l'on peut espérer de réussir. Ne pourroit-on pas présumer que c'est pour n'avoir pas
fait attention à toutes ces choses, ou de ce
qu'on n'a pas eu l'occasion de les mettre en
pratique, que ces diverses maladies parois-

sent aussi incurables aujourd'hui que du temps d'Hippocrate ?

Telles sont, Monsieur, les réflexions que j'ai souvent faites ; sans croire avoir épuisé le sujet. Je n'ai pas de pareilles prétentions. Je suis persuadé que vous en êtes convaincu, comme de la sincérité des sentimens avec lesquels je suis, Monsieur, etc.

## OBSERVATION DE L'ÉDITEUR.

J'ai présumé que le lecteur verra cette lettre avec d'autant plus de plaisir, que les vues dont elle est remplie sont le résultat de l'expérience. Je profite encore de cette circonstance pour lui apprendre que le sieur Dufour a eu souvent les succès les plus éclatans dans le traitement de cette affreuse maladie, qui dérange la raison, et met l'homme au dessous des brutes, comme il l'observe lui-même, puisque celles-ci ont du moins un instinct qui les dirige. J'ai vu plusieurs des maniaques ou fous furieux qu'il avoit rendus par ses soins à la société. Un entr'autres, qui, après avoir subi deux fois inutilement le traitement de l'hôtel-Dieu de Paris,

Páris, avoit été renfermé, comme décidé-
ment incurable, à l'hôpital de Bicêtre, où
il avoit passé plusieurs années, chargé de
fers, tant il étoit furieux. Cet infortuné étoit
un jeune homme d'une taille très-avantageuse, qui avoit reçu la meilleure éducation. Je tirerai le rideau sur l'acte de féro-
cité, digne des Cannibales et des Anthropo-
phages, qui l'avoit réduit dans un si fâcheux
état, et qui auroit mérité d'être puni du
dernier supplice. Je présume qu'il l'auroit
été, si l'aliénation d'esprit de cet infortuné
eût pu lui permettre de désigner assez clairement ses assassins. J'observerai seulement
que les connoissances de littérature que ce
jeune homme, que j'ai vu trois ans de suite
après sa guérison, avoit acquises, ne s'é-
toient point effacées de sa mémoire ; qu'il
se ressouvenoit très-bien des moindres circonstances de son dernier état, mais il n'en
parloit qu'avec peine. La seule différence
qu'il éprouvoit dans son physique, étoit une
très-grande sensibilité pour le froid, tandis
qu'il avoit passé des hivers entiers presque
nu, dans le séjour de la douleur où il avoit
été renfermé pendant un certain nombre

d'années. Il portoit encore les marques des fers dont il avoit été chargé, et notamment celle que lui avoit laissé un terrible collier. M. Lenoir, touché du sort malheureux de ce jeune homme, lui avoit procuré une place d'un produit honnête, et lui avoit permis de le venir voir.

Il est à présumer que, d'après des succès aussi évidens, on s'empressera à engager M. Dufour, attaché depuis long-temps à un établissement royal, à se livrer particuliérement à traiter une maladie aussi terrible que la manie. On peut voir la théorie qui l'a dirigé, dans l'ouvrage qu'il a publié sur les maladies qui dérangent l'entendement, en 1770, à Paris, chez Didot, jeune, quai des Augustins, 1 vol. in-12.

# NOTICE HISTORIQUE

*De l'origine, des progrès et de l'état actuel de l'hôpital de Bethléem à Londres.*

Traduite de l'Anglois, par M. Pingeron, et tirée du *Westminster Magasine* du mois de Décembre de l'année 1783.

——————

CES anciennes fondations, qui ont été faites dans la ville de Londres, par la munificence des rois d'Angleterre, pour le soulagement des pauvres malades, ont toujours été regardées comme autant d'objets dignes d'être soutenus par le public. Le soin qu'on doit prendre des insensés et des lunatiques dans l'indigence, supposant de grandes difficultés à vaincre, et les maux que ces infortunés causeroient à la société, si on les abandonnoit entiérement à eux-mêmes, étant très-considérables, tout le monde est intéressé à la conservation et même à la prospérité des établissemens destinés à leur servir d'asile. C'est pour cette raison que nous n'avons pas cru hors de propos de donner ici une idée exacte de l'origine , des progrès et de l'état actuel de l'hôpital de Bethléem , qui a été fondé à Londres pour cet objet.

L'hôpital de Bethléem doit son nom et son premier établissement à la piété d'un citoyen de Londres: Vers l'année 1247 , qui étoit la trente-neuvième du règne de Henri III , Simon Fitz Mary, qui avoit été Shériff, étant entraîné par la mode qui prévaloit dans ces temps-là , jugea à propos de fonder une maison religieuse. D'après ce projet , il donna , par un acte authentique qui existe encore aujourd'hui , toutes les terres qu'il possédoit dans la paroisse de saint Botolph, près Bishop-Gate , terrain qu'on connoît aujourd'hui sous le nom de de *l'ancien Bethléem* , pour la fondation d'un prieuré. Le prieur, les chanoines , les frères et les sœurs , à la subsistance desquels il pourvut , étoient distingués par une étoile qu'ils portoient sur leurs manteaux. Le but principal de leur institution étoit de recevoir et de prendre soin de l'évêque de Sainte Marie de Bethléem , des chanoines de son église , qu'ils regardoient comme leur métropole, et de leurs messagers, toutes et quantes fois ceux-ci viendroient en Angleterre. Tel fut le premier motif de cet établissement, qui subsista aussi long-temps que les préjugés de l'hospitalité monacale existèrent en Angleterre.

Pendant l'espace de plus de deux cents ans, on ne parla presque pas de cette institution. Mais lors de la réformation, qui arriva en 1547, les chanoines, les frères et les sœurs, qui étoient attachés à cet établissement, en furent chassés et leurs revenus saisis. Le monarque donna pour lors ce prieuré, avec toutes ses rentes, au lord maire, aux communautés et aux citoyens de Londres, pour en faire un hôpital où l'on renfermeroit les fous et les insensés.

Il est à croire que le défaut d'un pareil asile pour ces infortunés, qui sont affligés de la plus déplorable de toutes les maladies, avoit donné lieu à Londres à de très-grands inconvéniens. La situation retirée de ce prieuré de Béthléem, son peu d'éloignement de Londres, le firent destiner de préférence à cette œuvre pie. Avant ce dérangement, nous voyons cependant, par des actes authentiques, qu'Etienne Geesnings, marchand tailleur, donna quarante livres sterlings, par son testament, pour aider à acheter un terrain pour y bâtir un hôpital pour les insensés, et que le lord maire et la communauté de Londres avoient déja pris quelques mesures pour réaliser ce projet, très-peu de temps avant que la générosité du monarque eût secondé leurs vues. On ignore exactement les revenus dont jouissoit alors cette institution ; mais il est certain qu'ils n'égaloient pas les besoins des malades, et qu'il s'en falloit beaucoup qu'ils pussent subvenir et remédier à tous les maux qu'on auroit voulu alors éviter. Nous trouvons en effet que, quatre ans après que Henri VIII eut donné le prieuré de Béthléem, pour en faire un hôpital pour les lunatiques, ce monarque accorda des lettres et patentes à Jean Whitehead, protecteur de cet établissement, pour solliciter des donations et autres bienfaits dans les comtés de Lincoln, de Cambridge, dans la ville de Londres et dans l'île d'Ely ; pour le soutenir.

Dans la première origine de l'hôpital de Bethléem, on ne fournissoit aux infortunés qu'on y renfermoit, que le logement et les médicamens; leurs amis, s'ils en avoient, ou, à leur défaut, la paroisse sur laquelle ils avoient demeuré, leur fournissoient les autres secours. Il restoit au temps à perfectionner cette bonne œuvre, en fournissant une subsistance honnête et suffisante, et des soins mieux entendus à une foule de malheureux, pour pouvoir les rendre un jour sains de corps et d'esprit, si ce n'est pas en totalité, du moins en grand nombre, à leur famille et à la société.

Il n'est pas fait mention, dans les registres de cette maison, de donations avant l'année 1632. Elles ne furent pas d'abord bien considérables; mais l'utilité manifeste d'une pareille institution, et peut-être les désordres que des insensés ou des furieux avoient déja causés dans la société, firent songer sérieusement à s'assurer de ceux de ses membres qui, par un effet de la volonté divine, étoient devenus dangereux pour elle. D'après ces réflexions, la charité du public s'enflamma au point que non-seulement les citoyens de Londres, qui étoient les plus intéressés à ce projet, mais encore les habitans des provinces ; qui avoient assez de jugement pour choisir le motif le plus digne de déterminer leur bienfaisance , concouru- rent tous à réaliser cette bonne œuvre dans toutes ses parties. C'est dans ce moment que les ames honnêtes et sensibles goûte- ront le plaisir le plus noble et le plus pur, en apprenant combien l'hôpital de Bethléem fut redevable a des particuliers qui voulu- rent rester inconnus, et qui lui firent des dons considérables. Les charités particu- lières et secrètes n'ont sûrement pas la même influence ni sur les eprits , ni sur les cœurs , comme les charités publiques et solennel- les. Mais les établissemens qui, en profitent n'en ont pas moins d'obligations à ceux qui les font. Les intentions de pareils bienfaic- teurs , sont et bien plus nobles et plus pures, C'est le bien de la chose qu'ils considèrent et son propre mérite. Ils pèsent alors tou- tes les raisons qui déterminent leurs aumô- nes, et se trompent rarement dans l'applica- tion qu'ils en font.

Vers l'année 1644 on prit en considéra- tion le projet d'augmenter l'ancien hôpital ; mais le local où il se trouvoit étant trop borné

pour que l'on pût y construire des bâtimens assez grands et assez commodes pour
le grand nombre des personnes des deux
sexes qui avoient malheureusement besoin
d'un pareil asile, et peut-être les révolu-
tions qui eurent lieu dans ces temps-là en
Angleterre, empêchèrent qu'on ne pût le
mettre à exécution. Cependant, lorsque la
tranquillité fut rétablie, et quand un gouvernement légal commença à avoir lieu, on
s'occupa de nouveau de tout ce qui pouvoit contribuer au bonheur des citoyens.
La construction d'un nouvel hôpital devint
donc l'objet des plus sérieuses délibérations,
et ce grand ouvrage fut commencé au mois
d'avril 1675. Lord maire, les aldermans et
le conseil ordinaire de la ville de Londres,
accordèrent donc à l'administrateur de l'ancien hôpital de Béthléem, une grande pièce
de terre près de London-Walls, ou les murs
de Londres, près de la partie méridionale
du bas quartier des meorfields, où cet hôpital est aujourd'hui. La célérité avec laquelle ce magnifique édifice fut consttuit,
mérite toute notre attention ; car on voit,
par une inscription qui est au dessus de la

principale porte d'entrée, qu'il fut achevé au mois de juillet de l'année suivante, tant le zèle qui présida à ce noble monument fut actif. La générosité de tous ceux qui contribuèrent à cette dépense ne fut pas moindre ; car on assure que ce vaste hôpital a coûté au moins 17,000 livres sterlings, ou 357,000 livres ; somme prodigieuse pour ces temps-là. On peut dire en même temps que jamais il n'y eut d'argent et de soins mieux employés. L'hôpital de Bethléem est un des plus beaux monumens de la charité angloise, soit que nous considérions la magnificence de l'édifice, la commodité de la distribution intérieure des appartemens ; soit que nous jetions un coup-d'œil sur les secours réels que les malheureux y reçoivent journellement. On peut avancer, sans crainte d'être démenti, qu'il n'y a point d'hôpital dans le monde, qu'on puisse lui comparer. *We may safety pronounce that it is not to be parralleled in the whole world* (1).

_______________________________

(1) Le dessin de ce bâtiment a été pris d'après celui du château des Tuileries à Paris. On dit que Louis XIV fut si offensé de ce que son palais devoit servir de modèle à un hôpital pour les insensés, qu'il ordonna que l'on

Dans l'espace borné qu'occupoit l'ancien hôpital de Bethléem, il étoit impossible de réserver un asile séparé pour chacun des malheureux pour lesquels il ne restoit plus d'espérance de recouvrer la raison. La multitude des sujets qui pouvoient être guéris, et demandoient par l'organe de leurs parens ou de leurs amis à être reçus dans cette maison, augmentant tous les jours, il étoit na-

---

levât le plan du palais Saint-James, où demeurent les rois d'Angleterre, pour qu'on le fît exécuter pour un édifice destiné à servir à un usage bien inférieur à celui d'un hôpital.

Les figures des deux lunatiques qui sont sur la principale porte de l'hôpital de Bethléem, sont de Cibber, père du Comédien. Cet artiste célèbre, dit son propre fils dans un mémoire apologétique que les circonstances lui forcèrent de publier pour défendre sa vie, étoit natif du Holstein, et se nommoit Caius-Gabriel Cibber. Il vint en Angleterre, quelque temps auparavant la restauration ou le rétablissement du roi Charles II sur le trône, pour y exercer sa profession, qui étoit celle de Statuaire. Les bas-reliefs du piédestal de la grande colonne appelé le *monument*, qui est dans la cité, et les deux figures représentant des lunatiques, dont l'un est un maniaque, et l'autre un fou mélancolique, qui sont sur les portes de l'hôpital de Bethléem, prouvent les talens de cet artiste : *Cibber's own apology for his own life.*

Il existe à Londres une tradition, que la figure du fou mélancolique représente le portier d'Olivier Cromwell,

turel que ceux - ci ne fussent point rejetés.
Il eut été même barbare qu'ils n'eussent pas
joui des avantages que les circonstances
malheureuses rendent inutiles à ceux qui
sont incurables. On desiroit encore une augmentation dans les bâtimens, pour avoir
des dépôts ou magasins, où l'on pût renfermer surement les provisions pour les
insensés que l'on regardoit comme ne pouvant point recouvrer la raison, et qui pourroient être en même temps dangereux ; d'un
autre côté, le grand nombre d'insensés et
de maniaques qu'on amenoit de toutes les
parties du royaume (1), frustrèrent les bons
citoyens dans leur attente, et fit présumer
que s'il y avoit un plus grand nombre de
chambres, il ne seroit jamais vacant. C'est
pourquoi on regarda comme absolument

_________________

(1) On a remarqué en Angleterre que la Comté d'Yorck
étoit celle qui fournissoit le plus de malheureux dont le
cerveau étoit dérangé ; on en attribue la cause à l'usage
du cidre, qui est commun dans cette province de la grande
Bretagne, et peut-être avec plus de raison à l'usage immodéré qu'un grand nombre d'individus y font de cette
boisson. Personne n'ignore que l'ivresse qu'elle cause,
ainsi que celle qui est occasionnée par la biére, sont
terribles. *Note du traducteur.*

nécessaire, et même indispensable, d'agrandir l'hôpital.

On proposa donc en 1734 une nouvelle souscription de bienfaisance. Pour remplir cet objet, on ajouta deux nouvelles ailes à l'ancien hôpital, et par cette addition de chambres, les administrateurs de cette institution se virent à portée de remplir les vues du public. Il y a donc maintenant 100 fous incurables, savoir, 50 hommes et 50 femmes, qui jouissent de tous les avantages que leur permet l'état déplorable dans lequel ils se trouvent. Le nombre des malades que l'on suppose susceptibles de guérison, peut monter à environ 170, et l'expérience a fait voir que parmi ces infortunés, on en rendoit communément deux sur trois à la raison. C'est à ce point de perfection que les libéralités des citoyens ont permis de porter cet utile établissement, car ce n'est en effet que par ce moyen que l'insuffisance des revenus de cet hôpital peut être suppléé. Tel est enfin le bien réel que les individus et la société en général, retirent de cette institution.

Tandis que les cœurs sensibles éprouvent

la joie la plus vive, en voyant que le fardeau des misères humaines est ainsi allégé dans ces asiles de l'humanité souffrante; elles ne peuvent rien desirer au-delà, si ce n'est que les avantages que procure un hôpital s'étendissent sur un plus grand nombre de malheureux. Il est toujours très à souhaiter que plusieurs personnes dont l'esprit est dérangé, et dont la maladie ne peut attendre aucun remède de l'art des médecins, puissent trouver, dans cet établissement, la protection et les soins dont ils ont besoin, et ne jamais retourner chez leurs amis; pour leur être à charge, et leur faire supporter un fardeau souvent trop lourd pour eux.

Le nombre des fous incurables, dans cet hôpital, est très-petit en comparaison de celui des infortunés qui attendent leur tour pour y être admis. On ne craindra pas d'avancer qu'il y en a peut-être plus de deux cents sur la liste des incurables (1). Or,

---

(1) Lorsqu'un malade, après un examen convenable et une épreuve suffisante, est jugé incurable, on le renvoie de l'hôpital; s'il est présumé dangereux, soit pour lui-même, soit pour les autres, on écrit son nom dans un registre, pour qu'il soit reçu à son tour parmi les

comme les exemples de longévité sont fréquens chez les insensés, il arrive communément que ceux qui attendent des places,
passent quelquefois six ou sept ans après
avoir été renvoyés de l'hôpital, avant de pouvoir y être reçus de nouveau. Pendant ce trop
long intervalle, ils sont à la charge de leurs
parens, ou à celle de leurs paroisses réci-
proques. Les dépenses, pour la nourriture,
l'entretien et pour la garde de ces infortunés,
surpassent de beaucoup ce qui est alloué ordinairement pour les pauvres ; enfin, dans
la classe moyenne des citoyens, un fils ou
un mari sensible, est révolté par l'idée seule
d'avoir un de ses proches parens dans le cas
de recevoir des aumônes de sa paroisse.
Les malheurs et les embarras des malheureux parens ou amis d'un insensé, peuvent
être par-là même considérablement augmentés. Outre cela, le défaut de soins convenables, et sur-tout celui d'une garde exacte,
a quelquefois donné lieu à des accidens trop
effrayans, pour être ici rapportés (1).

_______________

fous incurables, dont on prend soin dans cette maison,
quand il y aura une place vacante.

(1) Il y a maintenant à l'hôpital de Bethléem, deux

Les inconvéniens manifestes qui résultent du défaut de logement pour un si grand nombre de malades incurables, a fait desirer à plusieurs personnes bienfaisantes que cet hôpital fût augmenté. Dans le fait, un bon nombre d'entre elles ont souhaité que leurs largesses ne fussent employées qu'à remplir ce seul objet. Il est à présumer que d'autres citoyens seconderoient bientôt leurs bonnes intentions. La bonne police se joint ici au vœu de l'humanité, pour souhaiter que cet objet dè charité ne soit presque pas le seul dans une ville aussi considérable que Londres, qui manque plus long - temps de moyens pour être complet. Outre cela, il semble qu'il devroit y avoir une sorte de générosité bien digne d'un Chrétien et d'un Anglois, d'assister ceux qu'il doit soulager, et qui ne peuvent jamais être utiles à la société, et qui; bien loin de récompenser un jour leur zèle, ne peuvent pas même avoir le moindre sentiment de reconnoissance pour leurs bienfaiteurs (1).

malades qui ont commis des crimes de la nature la plus atroce et la plus horrible.

(1) Il ne paroîtra pas déplacé de détruire ici une opinion

La

l'hôpital, l'aisance et les commodités d'une famille aussi nombreuse. Comme le comité est ouvert à chaque administrateur, il y reçoit toutes les charités et les avis que les citoyens de toutes les classes, et sur-tout les médecins et les personnes qui vivent de leurs revenus, veulent bien lui donner.

Aussitôt qu'on a décidé qu'un malade est dans le cas d'être admis dans l'hôpital, on le confie à l'un des gardiens ou économes, qui, d'après les conseils du médecin, assigne le traitement qu'on doit lui faire suivre, les précautions que l'on doit prendre, pour qu'il cesse d'être dangereux, et indique ensuite la cellule où il sera renfermé, selon l'exigence du cas. Les corridors ou galeries sont spacieuses et bien aérées (1). Les commodités des malheureux individus à qui ces loges sont destinées, la propreté et la décence qui y règnent, ainsi que dans toute la maison, ne peuvent que surprendre ceux qui ont la

____

(1) La longueur de chaque dortoir ou galerie est de 321 pieds, sur 16 pieds et 2 pouces Anglois de large, et 13 pieds de hauteur. Il y a dans chacun 275 cellules ou loges, qui ont toutes 12 pieds 6 pouces de longueur sur 8 pieds de large chacune.

curiosité et la charité de visiter de pareils asiles. Quoique les différens spectacles de la misère humaine, qui s'offre de toutes parts dans cette circonstance, ne peuvent qu'exciter la commisération de tout homme honnête, et même causer chez lui une sorte de révolution à l'aspect de tant de malheu-reux, ce serrement de cœur, cette vive dou-leur, sont cependant adoucis en voyant les secours qu'on leur administre.

Il est presque inutile de dire que ces mal-heureux malades sont visités par les plus habiles médecins de Londres, et que celui d'entre eux qui en est aujourd'hui chargé spécialement, est le célèbre docteur Monro et le chirurgien M<sup>r</sup>. Richard Grouther, dont les talens sont aussi très-connus. Ces ma-lades ont par conséquent les meilleurs se-cours, et ceux-ci leur sont administrés avec la plus grande humanité. Les provisions de l'hôpital, telles que les végétaux, le lait, la bière, etc. sont excellentes, chacune dans leur espèce ( 1 ). Elles sont constamment

_______

(1). Le comité a décidé dernièrement que l'on donne-roit des végétaux à ces malheureux insensés, et de la petite bière d'une meilleure qualité. Cette libéralité a

La conduite et l'administration de cet hôpital, est confiée à un comité composé de 42 administrateurs, dont 7 sont obligés, ainsi que le trésorier, le médecin et les autres officiers de la maison, de se rendre à l'hôpital tous les samedis de chaque mois, pour l'admission des malades, et pour régler, ce qui concerne la police intérieure de

---

erronée qui subsiste à Londres, et même, dans toute la Grande-Bretagne. Plusieurs personnes croient que l'hôpital de Bethléem et celui de Saint-Luc, sont réunis. On s'imagine que ce dernier est destiné à recevoir les fous incurables qui ont été renvoyés du premier hôpital. Cette opinion est tellement accréditée, que l'administrateur de l'hôpital de Bethléem a souvent reçu des lettres que plusieurs personnes en place et instruites, qui s'intéressoient à des malades que l'on avoit renvoyés comme incurables, lui écrivoient pour savoir le moment où elles pourroient les envoyer à l'hôpital de Saint-Luc. Il est vraisemblable qu'une pareille idée n'a pu venir et se proposer que par le voisinage de ces deux hôpitaux. Mais dans le fait il n'y a pas un seul mot de vrai dans tout ce que l'on débite à cet égard. Ces maisons de charité ont la même bonne œuvre pour objet, c'est-à-dire, le rétablissement de la raison et du bon sens chez les pauvres qui ont eu le malheur de les perdre. L'un et l'autre hôpital reçoivent un nombre limité de fous absolument incurables ; mais les administrateurs, les officiers en sous-ordre, et les fonds de chacun de ces deux hôpitaux, sont absolument séparés.

D

inspectées avec le plus grand soin par l'économe ( M<sup>r</sup>. Whitte ) qui demeure dans l'hôpital , et à qui les membres du comité
d'administration rendent de fréquentes. visites et demandent des renseignemens sur
tout ce qui se passe dans cet établissement.

Des détails circonstanciés sur la manière
dont on nourrit régulièrement une aussi
nombreuse famille, ne paroîtront peut-être
pas ici déplacés à ceux qui ne trouvent rien
de bas, ni de dégoûtant dans tout ce qui
peut alléger les malheurs de l'humanité. Le
déjeûner ordinaire que l'on donne toute
l'année à chaque malade, consiste dans du
water-gruel ou gruau (1), avec du pain, du
beurre et du sel. On leur donne de la viande
à dîner trois jours par semaine ; savoir, du

produit les effets les plus salutaires sur la santé de ces
malades en général. Les officiers ont remarqué que depuis
cette époque les malades étoient beaucoup moins attaqués
du scorbut et de la dysenterie ; que par le passé. ( Cette
note mérite une attention particulière. )

(1) Les Anglois ont un autre potage restauratif qu'ils
appellent *barley-gruel* ; il se prépare avec du gruau d'orge,
des œufs, du sucre et du vin d'Espagne. *Note du traducteur.*

bœuf le dimanche, pour la bonne chère, du mouton pour le dîner du mardi, et du veau les jeudis ; mais ceci n'a lieu que depuis la fête de Notre-Dame jusqu'à la fête de Saint-Michel. On substitue du mouton ou du porc frais au veau, pendant les mois d'hiver. Chaque malade a une quantité suffisante de boisson. Pour donner ensuite quelques douceurs à ces infortunés, autant que l'économie peut le permettre, on distribue tous les jours où ils mangent de la viande, du rôti à ceux qui sont renfermés dans une des cinq galeries ou corridors qui composent cet hôpital, et ainsi de suite jusqu'à ce qu'ils aient eu tous part à ce petit régal. La quantité de viande ou de mets solides, indépendamment des légumes et d'une pinte de petite bière, est fixée à huit onces pour chaque malade. Les jours où on ne leur donne point de viande, et que l'on appelle *banyan days* dans cette maison, ils ont une soupe au lait, ou du riz au lait, avec du pain et du fromage. Leur souper ordinaire pendant toute l'année, est du pain et du fromage, avec une pinte de petite bière ; et douze de ces infortunés ont à leur tour, dans chaque galerie, du beurre au lieu de fromage, s'ils le préfèrent

Les loges sont visitées tous les matins de très-bonne heure, par les domestiques de la maison. Ils font leur rapport à l'apothicaire, qui a son appartement dans l'hôpital même et y réside habituellement. C'est aujourd'hui M. Gozna. Celui-ci vient sur les huit heures du matin visiter les malades, et leur faire prendre les médicamens qu'on a regardés comme utiles à tel ou tel individu. Le médecin visite tous les malades les uns après les autres, trois fois par semaine. Il y a certains jours fixés pour les opérations médicales. C'est alors qu'on fait prendre aux malades les bains chauds ou les bains froids, quand on les a présumés salutaires. Chaque malade n'a de liberté qu'autant qu'on le juge nécessaire pour qu'il n'attente pas à sa propre sûreté ou à celle des personnes qui le surveillent et le médicamentent. En hiver, on rassemble les convalescens dans certaines chambres où il y a du feu, et dont ils ne peuvent cependant pas approcher, vu les fortes grilles de fer dont chaque foyer ou poêle est environné. Ils y ont la faculté de pouvoir causer et s'amuser ensemble. Pendant l'été, ils se promènent dans de vastes cours qui sont dans la maison. Ils y jouent quelquefois à des jeux que l'on présume ne pouvoir pas troubler leur esprit chancelant, et leur causer la moindre agitation. L'hôpital tiroit autrefois au moins 400 liv. sterlings, ou 8400 liv. de France, tous les ans des charités qu'il recevoit des différentes personnes qu'on y laissoit entrer indistinctement, pour y voir les malades, et qui y étoient le plus souvent conduites par le désœuvrement, ou par l'odieux plaisir d'entendre déraisonner ; mais, comme cette liberté, quoique utile en elle-même à l'établissement, en augmentant ses fonds, contrarioit son principal objet, qui est de ne point troubler la tranquillité de ces malheureux insensés, pour parvenir plus efficacement à les guérir, on a jugé à propos, dès l'année 1770, de ne plus exposer l'intérieur de cette maison aux regards du public. Il est donc rare qu'on y laisse entrer aujourd'hui des étrangers, à moins qu'ils n'aient des permisssions particulières, qui ne s'accordent que très-difficilement. Les amis des malheureux malades ont cependant la liberté de les voir, pendant un temps limité, et celle de les consoler. Lorsqu'on admet un malade à l'hôpital, on lui donne un billet qui autorise celui qui en est le porteur à venir dans cette maison, les lundis et les mercredis, entre dix et onze heures, pour y voir le malade.

Il convient de détruire ici une opinion des plus injurieuses, qui a été adoptée surtout par cette classe du peuple qui est plus disposée à se former des préjugés contre les établissemens de bienfaisance et de charité ; c'est que les malades sont battus dans l'hôpital de Bethléem, et maltraités pour les forcer à prendre les médicamens qu'on leur prescrit, et à se soumettre aux opérations médicales que leur état exige. Cette idée est absolument fausse ; il n'y a aucun domestique dans cet hôpital qui osât abuser de l'autorité qui lui est confiée, et il lui est expressément défendu de frapper un maniaque, à moins que ce ne soit dans le cas de sa propre défense. Il est même notoire que les membres de cette malheureuse famille sont tous traités avec cette douceur que leur situation exige. Si l'humanité et l'attention des officiers de la maison n'étoient pas une assurance suffisante pour faire croire que les malades confiés à leurs soins fussent bien traités, les fréquentes inspections auxquelles la police intérieure de cet hôpital est soumise de la part du grand nombre d'administrateurs, qui forment des comités particuliers en différens temps pour le gouverner, suffiroient seules pour faire tomber de pareils soupçons. En un mot, la subsistance que l'on donne aux malheureux qui sont détenus dans cet hôpital, la douceur avec laquelle on les traite, et les secours médicinaux qu'on leur administre, sont tels, que plusieurs de ceux qui connoissent à fond le régime de cet hôpital, ont dit souvent que si jamais il plaisoit à Dieu de les affliger de quelques-unes de ces maladies qui privent l'homme de son bon sens, l'hôpital de Béthléem seroit l'endroit où ils souhaiteroient être admis (1).

_______________

(1) Il est bon de remarquer ici que les malades eux-mêmes ont souvent dit qu'ils préféroient l'hôpital de Bethléem aux *mad-houses* ordinaires ; c'est-à-dire, aux maisons où l'on prend des fous et des insensés en pension.

. Il y a très-peu de difficultés à surmonter pour faire recevoir les malades à l'hôpital de Béthléem. Il faut d'abord considérer si le cas du supposé maniaque ou lunatique renferme quelques-unes des circonstances que la prudence qui a présidé au règlement de cette maison, a fait regarder comme autant d'empêchemens pour être admis. Ces circonstances sont en petit nombre, et la sagesse des administrateurs les découvre bientôt. Les imbécilles, les personnes qui sont restées hébétées par quelque paralysie, ou qui sont sujettes à des convulsions ou à des attaques d'épilepsie, de même que ceux dont l'esprit s'est affoibli par l'âge ou par de longs malheurs, en sont exclus. On présume que les infortunés qui sont dans le cas dont on vient de parler, trouvent assez de ressources dans la genérosité de leurs amis, ou, à ce défaut, dans les aumônes de leurs paroisses respectives, ou dans le *work - house*, ou maison de travail, qui s'y trouve. Il faut encore observer que l'on ne regarde pas comme inadmissible dans cette maison, un malade qui seroit sorti d'un autre hôpital pour les lunatiques sans avoir été guéri. Lorsque les amis ou les parens du malade ont prouvé que cet infortuné est dans le cas d'être secouru par cet établissement, par la nullité de ses moyens, et que leur requête est signée par les principaux officiers de sa paroisse ( 1 ), il faut alors se procurer la recommandation d'un des administrateurs, ou celle de l'économe. L'hôpital exige encore que dans le cas où le malade est admis, deux personnes, établies à Londres ou dans les environs, s'engagent par écrit à le recevoir chez elles lorsqu'il sortira de l'hôpital, et à payer ses habillemens et son enterrement en cas de mort ; si le malade est envoyé à l'hôpital par quelques paroisses ou tout autre établissement public, on paie la somme de 3 livres sterlings et 4 shillings, ou 67 livres 16 sous pour le lit et les draps. Mais s'il est placé par ses amis, la maison désirant alléger leur charge, modère cette

---

(1) On donne facilement la forme de ces requêtes et de ces certificats, quand on la demande à l'hôpital de Bethléem, ou au bureau de l'hôpital de Bridewell, et la recommandation d'un des administrateurs *n'est jamais refusée* aux amis d'un malade qui est réellement dans le cas d'être admis dans cet hôpital par son défaut de moyens.

somme à 2 livres sterlings et 6 pences, ou 48 livres et 12 sous (1). On suppose que l'on fournira des habits au malade, et dans le cas où l'on viendroit à y manquer, la maison en fournit au prix le plus bas, et ceux qui ont répondu pour le malade, sont tenus à payer cette dépense (2).

______________________________

(1) Lorsqu'un malade est enfin établi dans l'hôpital de Bethléem, ses amis paient pour lui, toutes les semaines, une demi-couronne, ou 3 liv. de France, et à leur défaut, la paroisse à laquelle appartient cet infortuné.

(2) Les administrateurs de l'hôpital de Bethléem ont décidé que les vêtemens et les meubles des malades seroient fournis par leurs amis ; et dans le cas contraire, que l'économe fourniroit ce qui seroit jugé nécessaire pour l'entretien du malade, par le comité de la semaine, et cela au prix suivant.

POUR LES HOMMES.

| | liv. | shillings | pences |
|---|---|---|---|
| Un habit ou frac, | 0 (*) | 16 | 6 |
| Une veste, | | 6 | 4 |
| Une paire de culottes, | | 9 | 4 |
| Une chemise, | | 3 | 11 |
| Une paire de souliers, | | 4 | 6 |
| Une paire de bas, | | 2 | 3 |
| Un bonnet, | | 1 | 0 |
| Une robe de chamb. de gros drap, | 10 | | 6 |
| Un bon gilet, | | 13 | 6 |
| Une paire de boucles, | | 0 | 6 |

(*) On remarquera ici que la livre sterling vaut 21 livres argent de France, le shilling, 24 de nos sous, et le pence ou sou anglois, deux sous de notre monnoie.

Il n'y a point de temps limité pour le séjour d'un malade dans l'hôpital de Bethléem,
ni pour son traitement. L'expérience fait voir
généralement que, dans le cas où la maladie
est curable, il est parfaitement guéri au bout
d'une année, et qu'il sort sain de corps et
d'esprit; il arrive quelquefois qu'il faut beaucoup moins de temps, et qu'au bout de quelques mois, des malades sont en état de
rentrer dans la société. Lorsqu'un malade a
recouvré sa raison, les soins des administrateurs ne cessent point d'avoir lieu, et
même au moment où il sort de l'hôpital. On
l'interroge sur le traitement qu'il y a éprouvé,
on lui demande s'il a quelques sujets de se

---

### POUR LES FEMMES.

Une robe de laine de cette étoffe grossière appelée *blanket*
en anglois, évaluée à o liv...10 shillings...6 pences.
Une seconde robe et une jupe, . 19................o
Une jupe de dessous, .........3.............3
Une chemise, ................3...........4
Une paire de souliers, ........3.........1
Une paire de bas, .........1........10
Un bonnet, ........3.......1
Un mouchoir, .......2.1......3
Un tablier, ........2.....2
Une paire de boucles, ....o.......8

plaindre, et l'on exige même qu'il dise la vérité et ne cache rien à l'administration (1). On l'invite à venir voir de temps en temps les officiers de santé, qui demeurent dans l'hôpital ; à être docile à leurs conseils, et sur-tout de faire les remèdes qu'ils leur presbarcriront pour éviter une rechute. S'il paroît que cette personne se trouve dans des circonstances malheureuses, le trésorier et le médecin sont autorisés à la soulager par une

---

(1) Il est affligeant, pour l'humanité, d'apprendre que les maniaques ou lunatiques qui ont eu le bonheur de voir leur jugement et leur raison se rétablir, conservent le souvenir douloureux de toutes les circonstances de leur maladie; ce qui n'a cependant pas lieu après la fièvre chaude et le délire qui accompagne souvent les maladies aiguës; on doit donc présumer que le siége de ces deux maladies, qui produisent le même effet, savoir la fureur et l'aliénation de la raison, sont différens. J'ai eu la curiosité d'interroger dans le plus grand détail, un particulier instruit, qui avoit fait de bonnes études, qui avoit eu le malheur de perdre la raison, à la suite d'un traitement barbare qu'il avoit éprouvé de la part des gardeschasse de la capitainerie de Saint-Denis, près de Paris, et qui avoit été guéri. Il avoit subi inutilement le traitement des maniaques à l'hôtel-Dieu de Paris, à deux reprises différentes, et avoit été enfin renfermé à Bicêtre comme incurable ; on le chargea même de fers, étant véritablement furieux et très-dangereux. . . . .

Au bout de trois ans de détention, il plut à la provi-

petite somme d'argent qui leur est payée au moment de son départ.

Il est heureux pour un particulier affligé d'une maladie aussi déplorable que celle que l'on traite dans cet hôpital, pour ses amis et pour la société, que la divine providence rende efficace les moyens que l'on emploie pour le guérir. Les désirs des ames bienfaisantes sont alors accomplis, et les vues de l'institution remplies. Combien le sort d'un

———

dence d'envoyer M. Dufour, chirurgien-aide-major de l'école royale et militaire à Paris, dépositaire du précieux secret de guérir la manie, à l'hôpital de Bicêtre, pour y choisir des sujets sur lesquels il pût faire l'essai de son spécifique, d'après les ordres du gouvernement. Le particulier dont je parle fut du nombre. Au bout de 15 jours ses fers furent inutiles, sa raison se rétablit, et dans deux mois il fut rendu à la société et à sa famille. Je l'ai interrogé souvent; il avoit conservé le souvenir de tous ses malheurs, et les racontoit de la manière la plus intéressante. Le magistrat éclairé, qui présidoit alors à la police de Paris, ( M. Lenoir) honoroit ce galant homme de ses bontés, et voulut bien lui procurer les moyens d'exister honnêtement par ses talens. Ce particulier, quoiqu'à la fleur de son âge, étoit devenu très-sensible au froid, malgré qu'il fût resté presque nu, exposé aux plus grandes gelées, pendant tout le temps qu'il avoit été renfermé dans une des loges de l'hôpital de Bicêtre. C'est le seul changement qu'il avoit éprouvé dans son physique. *Note du traducteur.*

lunatique, qui est déclaré et reconnu incurable, n'est-il pas à plaindre, quand on se voit obligé d'en abandonner le traitement, et de le rendre à ses amis désolés, et de lui refuser les secours qu'on lui avoit déja donnés? Cette circonstance est sur-tout affligeante, quand on est obligé de renvoyer le malade, comme cela arrive souvent, dans une province éloignée; il est vrai qu'il ne perd pas entièrement l'espoir de revenir dans cet asile; mais le terme de son retour est toujours trop éloigné pour pouvoir soulager ses peines actuelles.

Il se passe ordinairement beaucoup de temps avant que les malades puissent entrer pour la seconde fois à l'hôpital, et y être admis parmi ceux qui sont déclarés incurables. Durant cet intervalle, il faut veiller avec soin sur ces maniaques, pour empêcher qu'ils ne soient dangereux pour les autres et à eux-mêmes. La moindre dépense que cause tous les ans un de ces infortunés, dans les maisons où les paroisses sont dans l'usage de les faire renfermer, est pour le moins de 20 livres sterlings, ou de 420 livres par an. Lorsqu'une famille se détermine à le garder

chez

chéz elle, il lui en coûte plus de 3o livres,
en mettant même toutes ses dépenses au plus
bas prix. Les personnes sensibles qui pensent et calculent, doivent juger, d'après cet
exposé, combien il faut d'économie dans un
établissement pareil à celui de l'hôpital de
Belhléem, pour subvenir à toutes les dépenses qu'exige le nombre de malades qu'on
y traite ou que l'on y garde comme incurables. Elles verront en même temps, combien
de peines l'entretien d'un maniaque doit causer à une famille peu favorisée des biens de
la fortune ; et qui souvent n'a de ressources
què dans sa seule industrie. Les personnes
honnêtes sentiront toute l'amertume de la
position de ceux qui luttent sans cessé contre
le besoin, qui doivent, en même temps de
la commisération à leurs proches, et qui
finissent souvent par être obligés de solliciter
pour eux-mêmes, vu les dépenses qu'ils ont
été obligés de faire, les secours qu'ils auroient eu honte de demander pour leurs proches parens.

Que les charités qui mettroient à portée
d'augmenter l'établissement pour renfermer
les maniaques incurables, seroient glorieuses

E

pour l'humanité ! Les avantages qui résulteroient d'un pareil service à rendre à la société,
sont réels. Nous présumons donc que ce zèle
actif, qui porte particulièrement les Anglois
à la bienfaisance, ne permettra pas qu'un si
grand ouvrage reste incomplet, et qu'il laisse
encore à désirer, pour opérer tout le bien
qu'on devroit en attendre. L'administration
des hôpitaux de fondation royale, telle
qu'elle a été réglée en dernier lieu par le
parlement, suffira pour rassurer les bienfaiteurs de ces maisons sur le bon emploi de
leurs fonds ; ils peuvent être dorénavant assurés que leurs intentions seront remplies (1).

_________________________

(1). Il a subsisté long-temps une contestation entre le
conseil ordinaire ou *common council* de la ville de Londres,
et les administrateurs en charge de tous les hôpitaux
royaux. Les premiers prétendoient avoir le droit de gouverner ces établissemens, en vertu de plusieurs chartes
qui leur avoient été accordées par le Roi d'Angleterre.
Cette dispute s'est heureusement terminée par un com-
promis qui permet d'admettre douze membres du conseil
commun de la ville dans l'administration de chaque hôpital. Ce réglement fut proposé au parlement en 1782,
et il fut donné un bill qui le confirme ; les amis de tous ces
nobles établissemens de bienfaisance ont maintenant la
satisfaction d'être assurés que leur administration est établie d'après les moyens les plus convenables pour leur
prospérité.

La riche et généreuse cité de Londres a jugé à propos de réunir les administrateurs de toutes les œuvres pies, pour n'en former qu'un seul corps, dont les membres doivent veiller alternativement sur ces lieux que l'infortune doit à la libéralité d'Henri VIII et à la piété d'Edouard. Il est hors de doute que cette heureuse union ne peut tourner qu'à l'avantage des pauvres. Ceux qui s'intéressent sincèrement au sort de l'hôpital de Bethléem, forment, de leur côté, les vœux les plus ardens pour que la nouvelle administration trouve des ressources dans ses lumières, pour soulager le plus grand des malheurs qui puisse arriver à l'espèce humaine, en augmentant les bâtimens et les revenus de cet établissement. Ils espèrent en même temps que les personnes opulentes qui habitent Londres, voudront bien seconder ces vues bienfaisantes par d'abondantes charités, et les mettre à portée de diminuer, autant qu'il sera en son pouvoir, les maux qui affligent l'humanité.

# NOTICE

## DE

## L'HÔPITAL DE MALTHE,

## ET DE SON RÉGIME,

## FAITE SUR LES LIEUX.

L'HÔPITAL de Malthe jouit à juste titre de la plus grande célébrité, non-seulement à cause du généreux dévouement avec lequel les chevaliers y remplissent les devoirs de l'hospitalité, mais encore par la pieuse et magnifique libéralité avec laquelle on admet dans cet asile les malades de tout sexe, de tous les rangs, de tous les pays, de toutes les religions.

Ce magnifique établissement, qui prit son origine à Jérusalem, et auquel le laps de huit siècles n'a rien fait perdre de sa splendeur, est sous l'autorité immédiate du *grand hospitalier*, dignité conventuelle affectée au chef de la langue de France. C'est lui à qui en appartient la haute police, et le droit de nommer à tous les emplois, excepté néanmoins ceux qui sont relatifs à la partie économique, lesquels sont réservés à la nomination du *grand Maître et Conseil.*

La police intérieure en est confiée à un chevalier de la langue de France, qui a le titre de *Commandeur de l'hôpital.* Quant au spirituel, il est administré par un *prêtre conventuel* de la même langue, connu sous la qualité de *Prieur de l'hôpital,* qui a pour coopérateurs, dans les fonctions de son ministère, huit *chapelains d'obédience.* Ceux-ci se partagent entre eux toutes les heures du jour et de la nuit, et se relèvent successivement pour consoler, assister les moribonds, et leur administrer les derniers secours de l'église. Ces ecclésiastiques parlent les différentes langues de l'Asie et de l'Europe; le Turc, l'Arabe, le Grec, l'Allemand, l'Anglois, l'Italien, l'Espagnol, le François : ressource précieuse pour l'exercice de leur saint ministère.

L'inspection des drogues employées dans la pharmacie, est confiée à un servant d'armes, pris indistinctement dans toutes les langues. Il a le titre de *petit Commandeur*, et l'autorité de réformer toutes les drogues dont la qualité lui paroît altérée.

Deux autres *servans d'armes*, ordinairement choisis dans la langue de France, sont chargés, l'un de veiller à la conservation de l'immense quantité de vaisselle d'argent qui est destinée à l'usage des malades; l'autre, de tenir un registre exact de tous ceux qui y sont admis, de tous ceux qui en sortent, et de ceux qui y meurent. Son emploi lui donne le privilége de recevoir les dernières dispositions des mourans : leurs testamens, faits entre ses mains ou celles du *prieur*, ont la même force que s'ils étoient reçus par un notaire.

L'administration économique de l'hôpital est confiée, par le grand maître et conseil, à quatre anciens chevaliers profès des quatre nations, qui président alternativement à tout ce qui y a rapport; on les nomme *prud'hommes*. Ils sont chargés de toutes les grosses et menues dépenses, ils inspectent toutes les fournitures, on ne peut rien acheter ni distribuer sans leur attache. Tous les six mois ils rendent compte de leur administration , et après deux ans d'exercice, ils sont remplacés successivement par d'autres chevaliers , de manière qu'il y ait toujours quelqu'ancien *prud'homme* pour diriger et éclairer ceux qui, pour la première fois, sont revêtus de cet emploi de confiance.

Les *chevaliers novices* de toutes les langues ou nations sont tenus de venir alternativement chaque jour de la semaine servir les malades aux heures de la distribution des repas. Rien de plus édifiant et de plus majestueux que de voir la jeunesse la plus brillante et la plus distinguée de l'Europe , exercer ces œuvres de charité avec toute la modestie, la bienfaisance, l'émulation possible. Le dimanche est affecté aux chevaliers de la langue de Provence , le lundi à ceux de la langue d'Auvergne , le mardi à ceux de la langue de France, le mercredi à ceux de la langue d'Italie, le jeudi à ceux de la langue d'Aragon , le vendredi à ceux de la langue de Catalogne et de Portugal, le samedi à ceux des deux langues d'Allemagne et de Bavière. Plusieurs autres chevaliers de toutes les nations , ceux même qui sont revêtus des premières dignités de l'ordre , partagent journellement avec les novices ce pieux exercice.

Il y a dans cet hôpital, quatre médecins *principaux*, qui ont chacun leur *aide*, et qui servent par quartier, se relevant tous les trois mois mutuellement. Personne ne peut exercer publiquement la médecine dans l'île dé Malthe, sans avoir suivi pendant un certain nombre d'années leurs travaux.

Il y a également quatre maîtres chirurgiens, assistés chacun de leur *aide*, dont le service est réglé comme celui des médecins, et qui, dans la visite des malades, sont accompagnés de tous les apprentis qui se destinent à cet art.

Pour l'instruction de ces jeunes élèves, il y a dans l'hôpital même une bibliothèque fournie des meilleurs livres, et plusieurs chaires de théorie et de pratique, remplies par des médecins et chirurgiens principaux, aux leçons desquels tous les élèves sont obligés d'assister, ainsi qu'aux démonstrations anatomiques.

Le grand hospitalier a seul le privilége de faire les promotions et de distribuer tous les emplois.

Les médecins et chirurgiens commencent leur visite à quatre heures en été, et à six heures en hiver; ils sont précédés par des garde - malades qui brûlent des parfums, pour purifier l'air, quoique toujours renouvelé par des ventilateurs placés de manière à ne pas incommoder les malades.

Le commandeur et le prieur de l'hôpital président assiduement à cette visite. Au lit de chaque malade est placée une ardoise, où s'écrivent les périodes de sa maladie, les remèdes qui doivent lui être administrés, le régime qu'il doit suivre.

Lorsque la maladie est assez grave pour exiger une consultation, tous les médecins ou chirurgiens y sont appelés; elle se fait immédiatement après la visite. Les médecins de quartier assistent aussi à toutes les opérations de chirurgie, qui paroissent mériter leur présence.

La visite finie, on distribue les remèdes; ce soin est confié aux garçons apothicaires, et aux gardiens distribués dans les différentes salles.

Entre neuf et dix heures on distribue le dîné à ceux qui ne sont pas en diète. C'est

le *prud'homme* de semaine qui en fait faire
la distribution, après avoir donné ses soins,
dès la pointe du jour, à ce que les alimens
soient de bonne qualité et bien préparés.

Tandis que le commandeur et le prieur de
l'hôpital parcourent toutes les salles et tous
les lits, pour inspecter si le service se fait
bien, et pour s'informer des besoins particuliers de chaque malade, les *chevaliers novices*
leur distribuent la qualité des mets qui leur
est prescrite. Rien de plus étonnant que la
propreté du linge et la quantité de vaisselle
d'argent consacrée à cet usage. Non-seulement tous les ustensiles portatifs, tels que
les assiettes, écuelles, tasses, cuillers et
fourchettes sont de ce riche métal, mais
encore les plats-bassins, les marmites, les
cuillers à pot, et généralement toute espèce
de vases employés à cet usage.

Ce qui est encore plus étonnant et plus
magnifique, c'est que, quelque cher que
soit un remède ou un mets jugé convenable
par le médecin, on le procure au malade à
quelque prix que ce soit.

Le pain et le vin sont toujours de la meilleure qualité. On ne sert aux convalescens

que d'excellentes volailles ; on donne du gibier ou du poisson à ceux à qui ces alimens sont plus convenables. Ceux dont l'estomac demande une nourriture plus légère, ont tous des confitures de différentes qualités, des pruneaux, des biscuits ; le sucre, le sirop, la limonade leur sont abondamment distribués, sur l'avis des médecins. On leur donne même de la glace, pour rafraîchir ces boissons pendant les grandes chaleurs.

Pendant ou immédiatement après la distribution du dîné, l'aide du médecin de quartier vient examiner l'effet des remèdes qui ont été administrés dès le matin ; en cas de besoin, il en ordonne de nouveaux, il ajoute ou retranche, selon les circonstances, au régime de ceux qui les ont pris.

Le médecin principal et le maître chirurgien de quartier recommencent leur visite à une heure après midi ; et entre trois et quatre heures on sert le soupé.

Vers les sept heures l'aide du médecin fait sa visite particulière, et l'aide du maître chirurgien est, ainsi que lui, obligé de coucher dans l'hôpital, pour être à même de donner de prompts secours à tous ceux qui pourroient en avoir besoin. Par la même raison, il y a toujours plusieurs garçons chirurgiens et apothicaires de garde pendant la nuit.

Le commandeur et le prieur de l'hôpital font alternativement plusieurs rondes depuis le soleil couché jusqu'au lendemain, à des heures variées, souvent même lorsqu'on les croit le plus profondément endormis ; précaution qui prévient toute espèce de désordre, et qui force les gardiens de chaque salle à une vigilance perpétuelle.

Le nombre des malades est de quatre ou cinq cents communément ; souvent il va à sept ou huit, sans compter les forçats et les esclaves. Chaque malade est seul dans son lit, et rien ne fait mieux connoître la pieuse prodigalité avec laquelle l'ordre exerce ce premier objet de son institut, que la propreté des lits et du linge, aussi souvent renouvelé que l'exige l'état de chaque malade.

Il y a une salle particulière pour les esclaves convertis, pour les forçats, et pour les bonnevoglies ( espèce d'hommes sans ressource, qui se dévouent pour un modique engagement à servir sur les galères en qualité de galériens ). ...

.. Il y a une seconde salle uniquement occupée par les blessés ; précaution autant nécessaire à la facilité du service , que pour éviter au plus grand nombre les cris perçans de ceux qui ont quelque opération douloureuse à subir.

Il y en a une troisième, très-éloignée des autres ; destinée à toutes les maladies vénériennes, plus fréquentes qu'ailleurs dans tous les ports de mer. Comme les médecins et les chirurgiens de l'ordre jouissent de la plus grande réputation à Naples , en Sicile , en Calabre et dans toute l'Italie , et que d'ailleurs il est très-commode de rétablir sa santé sans qu'il en coûte rien ; chaque jour on voit arriver de ces différens pays , des essaims de malades affectés de virus , et de maladies devenues presque incurables par leurs ravages invétérés. L'hiver de Malthe étant fort tempéré , on y administre le mercure pendant toute cette saison , ou, pour mieux dire , pendant toute l'année , à l'exception des trois mois pendant lesquels règnent les plus grandes chaleurs.

Enfin, il y a une quatrième salle, placée au centre de toutes les autres, (où l'on transporte tout malade auquel le médecin a ordonné qu'on administrât les derniers sacremens. Moyennant cette précaution, le prêtre de garde peut donner successivement tous les secours spirituels à ceux qui sont dans un danger imminent de perdre la vie.

Quelque contagieuse et de quelque espèce que soit une maladie, l'infortuné qui en est affecté, est certain qu'on lui tendra une main secourable et qu'on ne le rebutera pas. Il y a des chambres particulières pour ceux qui ont des cancers ou des écrouelles, ainsi que pour ceux qui doivent subir l'opération de la pierre; le traitement qui doit s'ensuivre exigeant des soins et une assistance plus particulière.

Il y a encore des chambres destinées aux personnes d'un rang au dessus du commun; elles sont traitées en tout selon leur état et condition. On leur fournit, ainsi qu'à tous les autres, des vêtemens, s'ils en manquent, et des secours d'argent proportionnés à la longueur de leur route, pour retourner dans leur pays.

Ce qu'il y a de plus rare encore et de plus édifiant, c'est que quand de malheureux étrangers arrivent à Malthe sans argent, sans recommandation, sans ressource, ils sont reçus à l'hôpital pendant trois jours; intervalle de temps pendant lequel ils s'assurent les moyens ou de gagner leur vie, ou d'aller plus loin.

On place les Grecs schismatiques et les Protestans dans des corps de logis séparés des salles où sont reçus les catholiques Romains; on leur accorde les plus grands secours temporels et spirituels, sans les inquiéter ni les fatiguer sur leur croyance. Il n'est pas rare de les voir abjurer leurs erreurs; et en pareil cas, l'ordre ne néglige rien pour les dédommager des avantages qu'ils perdent chez eux en revenant au giron de l'église.

Les Turcs et les Juifs ne sont point admis dans le grand hôpital; mais il y a dans leur bagne une infirmerie où on leur administre, avec la plus grande humanité, tous les secours dont ils ont besoin : momens de consolation bien courts, pendant lesquels ils ne sentent, pour ainsi dire, ni les rigueurs

gueurs de l'esclavage, ni le poids de leurs chaînes.

Les femmes sont placées dans un corps de logis tout-à-fait détaché de celui des hommes : la police et l'administration de cette annexe sont également confiées à des chevaliers ; mais le service intérieur ne se fait jamais que par d'autres femmes ; les hommes n'y ont point d'accès, si on en excepte les médecins et chirurgiens.

On y reçoit les femmes enceintes, et celles qui sont attaquées des maladies les plus suspectes, même de l'étisie confirmée, qui, dans les pays chauds, est mortelle et contagieuse. Aussi brûle-t-on, avec la plus scrupuleuse rigueur, les lits, le linge, tous les vêtemens qui ont servi aux personnes des deux sexes qui ont succombé à cette maladie.

L'ordre ne borne pas ses immenses charités au soulagement des pauvres qui se présentent à l'hôpital ; il fait encore distribuer gratuitement des remèdes à tous les malades de la ville et de la campagne, qui préfèrent de se faire soigner chez eux, pourvu qu'ils produisent une attestation de

pauvreté

pauvreté signée de leur curé, et une ordonnance du médecin.

L'ordre use de la même libéralité envers les pauvres communautés religieuses d'hommes et de femmes.

Les enfans trouvés sont sous la protection du commandeur de l'hôpital ; ils sont reçus, avec tous le secret possible, dans un tour ingénieusement placé, que l'on ne peut mouvoir sans ébranler une clochette, au son de laquelle on court aussitôt, pour secourir l'innocente victime livrée aux soins de la providence. Au-dessus de ce tour on voit un marbre blanc qui porte, en grosses lettres noires, cette épigraphe bien adaptée :

INFANTIUM INCOLUMITATI.

Une respectable matrone est chargée de leur éducation, et lorsqu'ils sont en âge de s'établir, l'ordre y pourvoit avec libéralité.

Indépendamment de ces secours, il y a encore trois autres hospices, l'un pour les orphelins et les deux autres pour les vieillards des deux sexes : asiles respectables où ne sont admis que ceux et celles qui sont destitués de tout autre secours. La propreté, la bonne police, l'esprit de concorde et de charité qui y règnent, excitent l'admiration de tous ceux qui les connoissent.

L'ordre de Malthe étant principalement fondé sur l'exercice des œuvres de miséricorde, distribue encore chaque année des aumônes considérables en blé et en argent, charité à laquelle participent de préférence les veuves et les enfans de ceux qui sont morts à son service.

Il n'existe, dans le monde entier, aucun gouvernement dont le souverain soit aussi prodigue envers ses sujets, sans en rien recevoir.

# NOTICE

*De quelques machines en usage dans différens hôpitaux et autres grandes maisons, tirée des mémoires manuscrits de M. PINGERON sur les arts utiles et agréables.*

L'ITALIE étant sortie la première des ténèbres qui couvrirent toute l'Europe après la destruction de l'empire Romain, c'est chez elle que l'on vit s'élever les premiers monumens de la bienfaisance publique. Rome ayant d'ailleurs toujours été le centre de la religion chrétienne, qui ne recommande que la douceur, la charité et la patience, il n'est pas surprenant que les souverains pontifes y aient fait beaucoup d'établissemens en faveur de l'humanité souffrante. Il n'est personne qui n'ait entendu parler du célèbre hôpital du St.-Esprit, *in sassia*, qui existe à Rome, et qui est desservi par des ecclésiastiques ayant le rang de chevaliers, et qui en

portent la décoration. On connoît encore le
fameux hôpital de Saint-Jean à Malthe, où
les malades sont seuls dans un lit, avec des
rideaux de toile de coton blanche, les hôpitaux de Palerme, de Messine et de Naples:
ce dernier vient d'être nouvellement recons-
truit avec magnificence ; la belle inscription
qu'on lit sur sa principale porte, indique, en
peu de vers latins, tous les actes de bienfaisance qu'on y fait. On pourroit encore citer
l'hôpital de Sienne, dit *de la Scala*, bâti et
fondé par un maître cordonnier, dont on voit
dans le vestibule la statue drapée dans le
costume particulier à ces artisans, avec ces
mots latins au dessous : *Sutor ultra crepidam.*
Les hôpitaux de Florence, montés depuis
peu d'après les lumières que la saine physique a suggérées, méritent également l'attention des voyageurs, ainsi que ceux de Venise,
de Modène, de Milan et de Gènes, connu
sous le nom d'*Albergho dei Poveri*, et l'hôpital de Turin.

Il me paroît qu'il faudroit aujourd'hui consulter les réglemens ou statuts de ces anciens
établissemens, pour en extraire ce qui pourroit y avoir d'utile et d'applicable à nos

usages. Un Anglois, ami de l'humanité, a voyagé dernièrement dans la seule intention d'examiner l'état de toutes les prisons des principales villes de l'Europe, pour en déduire un régime plus humain en faveur des malheureux que la sureté publique force d'y renfermer. Un voyage qui auroit pour but l'examen des hôpitaux, ne pourroit que faire honneur au médecin qui l'entreprendroit : je suppose un médecin ; car c'est le seul particulier qui puisse voir avec sagacité les abus ou les usages recommandables qui ont lieu dans ces grandes maisons.

Ayant eu quelquefois l'occasion, dans mes voyages, d'entrer dans de pareils asiles de l'indigence ; je n'y ai remarqué que plus ou moins de propreté, parce que je n'étois pas à portée de pouvoir juger du reste. J'y ai remarqué cependant quelques machines utiles, et dont nous n'avions aucune connoissance. Or, je crois que c'est ici le cas d'en parler.

On voit, par exemple, à Gènes, à l'*auberge des pauvres*, ou grand hôtel-Dieu, une espèce de rape ou grattoire circulaire, dont la figure est ci-jointe. Son objet est de réduire en poudre très-fine, les morceaux de pain très-durs, dont on ne pourroit tirer aucun parti, et qui étant pulvérisés, servent à faire de la bouillie ou de la panade pour les enfans et pour les convalescens.

Pour avoir une idée de cette machine ou moulin, imaginez un homme appliqué à la manivelle A, fig. I^re., qui est adaptée à l'axe d'un gros cilindre B recouvert de feuilles de tole percées d'une infinité de trous comme les rapes à tabac.

Ce cylindre est renfermé dans l'espèce d'armoire ou bahut C, dont il touche presque les côtés ; on place sur ce cylindre une foule de morceaux de pain durcis D D, que la planche E, mobile en F sur des charnières, presse, par sa propre pesanteur, contre la rape. Pour ajouter encore à cette pression, on suspend un poids G à ce couvercle.

Le pain moulu tombe dans le tiroir H, d'où on le retire pour le passer au tamis.

On remarque dans le grand hôtel-Dieu de Milan, une mécanique très-simple, par le secours de laquelle un homme seul peut hacher une quantité d'herbes prodigieuse,

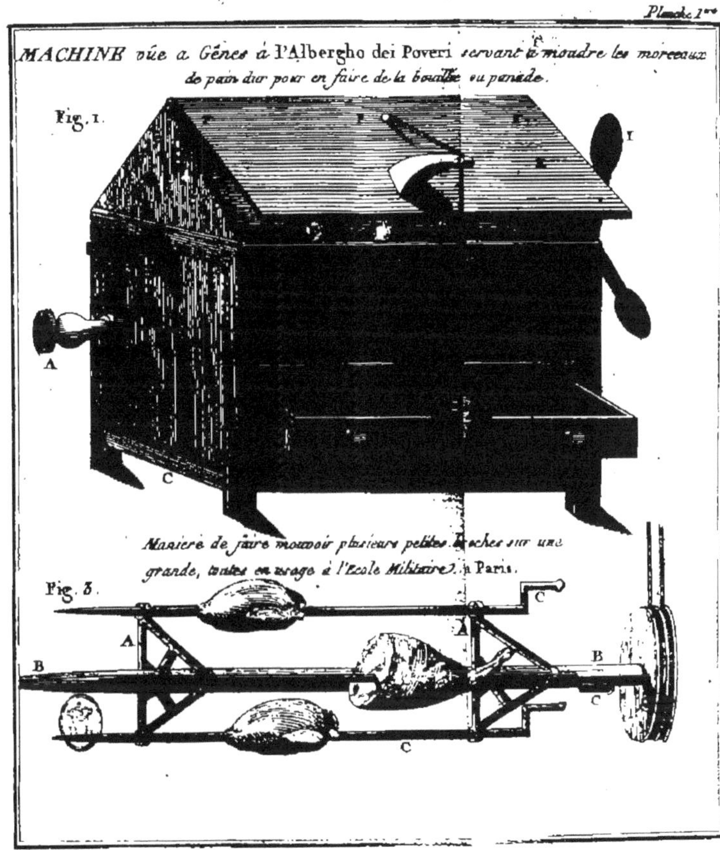


MACHINE vûe a Gênes à l'Albergho dei Poveri servant à moudre les morceaux
de pain dur pour en faire de la bouillie ou panade.
Fig. 1.
A
C
Manière de faire mouvoir plusieurs petites broches sur une
grande, toutes en usage à l'Ecole Militaire à Paris.
Fig. 3.
A
B
A
B
C
C
Prévost sc. Del

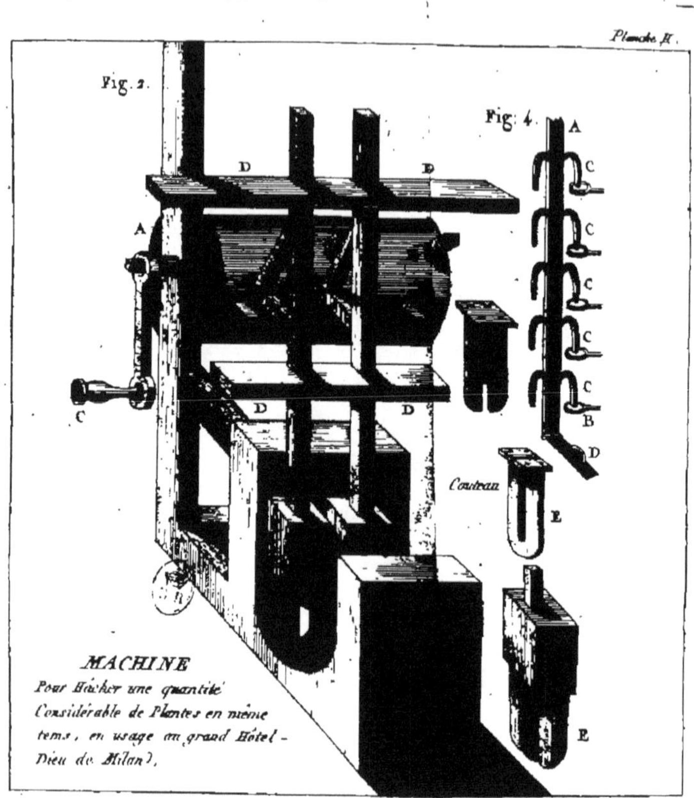

Planche II.
Fig. 3.
Fig. 4.
A
D
E
A
C
C
C
C
C
B
D
C
D
D
Coutau
E
E
MACHINE
Pour Hâcher une quantité
Considérable de Plantes en même
tems, en usage au grand Hôtel-
Dieu de Milan.
Pinacrea Del.

soit pour faire des aposèmes, soit pour d'autres usages, en faisant tourner le cylindre A, fig. 2e., couvert de mentonnets, ou parties saillantes B, disposées en spirale ou hélice ; par le moyen de la manivelle C, il soulève alors successivement une foule de pièces de bois, entretenues dans la verticale entre deux traverses D D ; ces pièces de bois sont chaussées chacune en particulier de deux larges lames d'acier, disposées en croix E E, qui font les fonctions de hachoirs ou de couteaux.

Ceux-ci agissent dans une auge de bon bois de frêne, dans laquelle on met les plantes destinées à être hachées très-menues, afin d'en pouvoir extraire le suc.

Un jeune homme a l'attention de les déplacer avec une longue baguette, pour qu'elles passent successivement sous les couteaux.

Veut-on retirer ces plantes réduites en bouillie, de l'auge où elles ont été ainsi hachées et triturées, on soulève chaque couteau, pour le fixer avec une cheville sur la traverse supérieure, et l'on ouvre ensuite une petite porte qui est au bas de l'auge, et qui s'y meut à coulisse, pour enlever ces plantes avec un petit rateau qu'on passe sur le fond de l'auge.

On trouve dans quelques hôpitaux d'Allemagne, des chaudières économiques, dont le fond, qui se trouve seul en contact avec le feu, est de cuivre, et ce qui reste de ces chaudières est engagé dans une maçonnerie de brique; cette partie est en bois, et formée par des douves comme un de nos tonneaux. Il est presque inutile de faire observer que cette partie de la chaudière étant constamment éloignée du feu d'un bon demi-pied, et se trouvant toujours humectée par l'eau que l'on y fait bouillir, de pareils cuviers ne sauroient jamais prendre feu, lors même que le feu du fourneau est le plus violent.

La cuisine des Augustins du grand couvent (1) à Rome, qui sont très-nombreux, offre encore aux amateurs des mécaniques, quelques inventions très-ingénieuses, et qui

_______________

(1) On compte communément trois cents religieux, sans les frères, dans cette maison ; c'est le chef-lieu de l'Ordre. C'est à-peu-près le nombre reçu pour la population de pareils établissemens, dont plusieurs sont d'une magnificence qu'on a de la peine à faire cadrer avec la modestie, qui doit être une des vertus essentielles des réguliers.

peuvent être employées ailleurs avec succès. 1°. Un moyen très-simple pour avertir les frères cuisiniers lorsque les grandes marmites bouillent avec trop de violence ; 2°. un agent pour faire tourner la broche, qui n'exige aucun soin ni aucune dépense.

La première invention consiste dans une petite ouverture ménagée dans le bord de la marmite, qui surpasse de quelques pouces, le fourneau de maçonnerie dans laquelle celle-ci est engagée.

Un petit tuyau de métal, adapté extérieurement à cette ouverture, conduit le liquide qui sort de la marmite par une ébullition trop forte, sur les ailes ou aubes d'une petite roue verticale en fer blanc, dont l'axe est garni de sonnettes qui avertissent alors les cuisiniers.

La seconde invention est une roue à augets, sur laquelle tombe constamment de l'eau ; l'axe de cette roue motrice porte une autre roue dentée qui engrène dans divers pignons ou lanternes adaptées chacune à l'extrémité d'une longue broche ; c'est ainsi qu'elles recoivent le mouvement de rotation sur elles-mêmes, qui est nécessaire pour que toutes les parties d'un morceau de viande soient présentées successivement au grand pour procurer un excellent rôti. ...

Ce mécanisme suppose à-la-vérité une fontaine toujours coulante ; mais cet avantage est très-commun à Rome, où les eaux sont très-abondantes, quoiqu'elles y soient amenées de plus de sept lieues par des aqueducs immenses.

On profitera encore de cette circonstance, pour faire connoître un procédé très-simple pour mettre trois broches sur la même. Il consiste dans deux triangles équilatéraux, A A, fig. 3e., formés avec des verges de fer que l'on fixe sur la broche principale B B au moyen de quelques clavettes qui traversent cette dernière dans son épaisseur. Les angles de ces deux triangles sont ajourés ou percés pour recevoir les trois broches C C C, moins considérables, après qu'on les a garnies de viande. Ce moyen de multiplier les broches, sans embarrasser considérablement la cheminée, est en usage dans la grande cuisine de l'École royale militaire à Paris, où l'on voit en même temps un tourne-broche im-

ise , que l'on peut regarder comme un
f-d'œuvre dans son espèce.

)n remarque encore dans ce même hôtel,
moyen de la plus grande simplicité, pour -
ner, par un seul mouvement ,· jusqu'à
;ante tiroirs adaptés à la même table.
Jes tables ressemblent en tout à celles
l'on voit dans les réfectoires des grandes
sons, excepté que la partie postérieure de
que tiroir est garnie extérieurement d'un
it collet de fer , placé dans le plan vertical.
Entre les deux rangées de tiroirs , se meut
: longue barre de fer, A B, fig. 4e., garnie
crochets C C C C dans sa partie latérale ,
ιu bout de laquelle est un mouraillon D
entre dans une serrure.
l est évident que dans la supposition que
s les tiroirs sont fermés , après que la
re de fer A B a été reculée de manière,
: les crochets C C, dont ses parties laté-
es sont garnies, ne puissent point gêner
collets fixés contre chaque tiroir. On
irra fermer ces derniers dans un seul ins-
t, en retirant la barre, et mettant la gâche
is la serrure.

On rapportera encore ici un moyen très-ingénieux et peu coûteux, pour opérer la cir-culation de l'air dans les salles des grands hôpitaux ; on croit l'avoir vu en usage dans dans l'hôtel-Dieu de Borgo-san-Donino, dans le Milanois.

Les baies des fenêtres, qui sont aux extrémités de chaque dortoir, ont pour hauteur celle du dortoir lui - même ; leurs croisées sont divisées en trois parties égales, dont celle du milieu est dormante, et les deux autres mobiles ; ces deux parties se meuvent chacune dans des feuillures qui leur sont particulières, comme dans les fenêtres à la capucine.

La partie inférieure de ces fenêtres est un peu plus pesante que la supérieure ; celle-ci est suspendue par trois forts cordons qui, ayant passé chacun sur une poulie verticale, enchappée dans le haut du montant de la croisée, vont s'attacher à la traverse supérieure de la partie inférieure de ce vitrage.

On voit alors qu'en soulevant cette dernière portion du vitrage, la partie supérieure descend et va se placer derrière la partie dormante de la croisée, tandis que la partie inférieure se met devant.

Par un moyen aussi simple, l'air peut enlever, avec la plus grande facilité, la mauvaise odeur et tous les miasmes pestilentiels qu'on ne respire que trop souvent dans les hôpitaux ; il est encore évident qu'on doit mettre quelques barreaux de fer devant l'ouverture inférieure que laisse alors la croisée, pour prévenir toute espèce d'accident. Ce moyen n'exclut point les ventilateurs ni les tuyaux aspirans destinés à renouveler l'air. J'ai parlé, dans le plus grand détail, de ces ventilateurs, et des manches à vent, dans le second volume du *Manuel des gens , ou Recueil d'observations sur les moyens de conserver la santé des équipages dans les voyages de long cours*, 2 gros vol. in-12, avec fig.

On auroit pu parler ici des lits mécaniques pour les blessés ; mais ils sont en général si connus, que de pareils détails paroîtroient inutiles ; on remarquera seulement que le sieur Charpentier, mécanicien, demeurant à Paris au louvre, imagina, il y a quelques années, un dossier très - ingénieux auquel étoit adapté un mécanisme, par le secours duquel une personne d'une force médiocre pouvoit mettre un malade sur son séant et le placer en même temps à quel degré d'inclinaison on jugeoit à propos, depuis la verticale jusqu'à la ligne parfaitement de niveau.

Les fauteuils mécaniques à l'usage dé ceux qui ont eu le malheur de perdre l'usage de leurs jambes, et à qui il reste néanmoins assez de force pour se servir dé leurs bras, sont connus aussi de tout le monde. On en trouve les déscriptions dans tous les recueils de machines, et sur-tout dans les Récréations mathématiques d'Ozanam. Il en existe un à Versailles qui m'a paru beaucoup plus ingénieux que les autres fauteuils ou chariots du même genre.

Ce chariot a l'avantage de pouvoir tourner sur lui-même, tandis qu'on est obligé de prendre un grand contour avec les autres. Pour remplir cet objet, les deux roues de derrière sont fixées sur l'essieu et ne se meuvent qu'avec lui ; mais l'une et l'autre peuvent cependant à volonté cesser d'y être intimement unies ; il est alors facile de voir que le moteur continuant à faire tourner l'essieu, la roue qui y est alors fixée se meut avec lui, et que celle qui reste absolument libre,

Vernis par ou Baßinoire ou usage en Angleterre
Manche)
A
B
Fig. 5.
Fig. 5.
Fig. 6.
C
Fig. 7.
C
D
F . 8 .
D
Paugeron Del

ne faisant plus aucun mouvement lorsque l'essieu tourne, sert alors de pivot, et le chariot tourne absolument sur lui-même. Cette opération étant faite, on réunit de nouveau la roue avec l'essieu par un moyen très-simple, et l'on continue à le faire mouvoir sur la même ligne, en avant ou en arrière.

On a imaginé en Angleterre une bassinoire connue dans cette contrée sous le nom de *warm-pan*, par le secours de laquelle on ne court jamais les risques de mettre le feu au lit comme avec les anciennes bassinoires connues sous la dénomination de *moines*, et avec celles où l'on met de la braise allumée. Ces *warm - pan*, fig. 5e., ne sont autre chose que des grosses lentilles creuses d'é-tain, qui peuvent avoir quinze pouces de diamètre, et dans lesquelles on verse de l'eau bouillante par un goulot A, dans lequel on a pratiqué un écrou. Cette opération étant faite, on visse dans ce goulot le manche B de cette nouvelle bassinoire. Or, pour parvenir à la remplir d'eau commodément, on place cette lentille dans une ouverture C pratiquée dans un petit banc destiné à la recevoir.

On ne parlera point ici de la machine connue en anglois sous le nom d'*Inhaler* ou de respirateur, fig. 6<sup>e</sup>., par le moyen de laquelle les personnes attaquées de la poitrine peuvent respirer la vapeur de quelques potions béchiques ou pectorales, parce que l'usage commence à s'en répandre dans le royaume, et qu'il n'est point de ferblantier à Paris qui n'en ait déja fait quelques-uns. On insistera seulement sur le nouveau gobelet qui vient d'être imaginé pour faire boire de la tisane ou quelqu'autre liquide aux malades, sur-tout aux enfans, sans courir les risques de les inonder, lorsque, par foiblesse ou par mauvaise volonté, ils ne peuvent pas saisir avec les lèvres les bords du vase.

Ce gobelet, fig. 7<sup>e</sup>., qui n'est, à proprement parler, qu'une imitation de l'encrier d'où l'encre ne peut sortir, inventé par M<sup>r</sup>. Watt à Birmingham en Angleterre, est de forme cylindrique, et renferme dans son milieu un cône B, ou entonnoir, dont les bords sont soudés avec les siens. Du bord de ce gobelet, part un petit bec C, que l'on met dans la bouche du malade comme celui des biberons ordinaires : vis-à-vis est une tubulure D, ou

petit

petit trou ménagé dans la partie supérieure du gobelet.

On verse la liqueur dans ce vase par l'entonnoir, que l'on ferme ensuite par le bas lorsque le vase est rempli ; on met enfin un de ses doigts sur la tubulure, ce qui empêche la liqueur de s'extravaser, comme cela arrive dans les pompes ou canelles avec lesquelles on fait la dégustation des vins. Lorsque le bec de ce vase est dans la bouche du malade, on soulève le doigt qui étoit sur la tubulure, et la liqueur coule ; si l'on s'aperçoit que le malade ne puisse pas boire, on rebouche ce petit trou avec le doigt, et l'écoulement de la tisane ou du bouillon cesse. On ne peut disconvenir qu'une pareille idée ne soit très-heureuse.

Comme l'on élève souvent des orphelins dans les hôpitaux, et qu'on leur y enseigne à écrire, on présume qu'on sera charmé de connoître ici un moyen très-économique, en usage dans les écoles de province du royaume de Pologne et du grand duché de Lithuanie, pour suppléer au papier.

On s'y procure une certaine quantité de petites planches de sapin ou de chêne, ayant environ deux pieds de long sur un pied de large, sur un tiers de pouce d'épaisseur, aux deux extrémités desquelles on met des emboîtures de chêne, pour empêcher qu'elles ne se déjètent.

Cette opération étant achevée, on met sur ces tablettes une couleur noire ou brune broyée à l'huile. Cette couleur étant bien sèche, on écrit en tête les sentences ou les mots qui doivent servir de modèles ou d'*exemples* avec du blanc de céruse broyé à l'huile. On trace ensuite des parallèles sur ces planchettes, pour indiquer les marges et la distance qu'il doit y avoir entre chaque ligne, et la tablette est alors préparée.

Les jeunes enfans copient ces exemples avec du blanc d'Espagne délayé simplement avec de l'eau pure, et se servent pour cela de plumes de dinde qui sont très-fortes, comme tout le monde le sait. Lorsque le maître a corrigé avec la même plume et le même blanc, les fautes qui ont échappé à ses élèves, il s'arme d'une éponge imbibée d'eau, et efface toute l'écriture, à l'exception de celle qui est à l'huile, sur laquelle l'eau n'a point de prise. Il est facile de voir que

( 99 )

es tablettes peuvent servir éternellement, et faire un fond d'une grande économie.

On apprend encore facilement à écrire (1) aux jeunes gens dont on ne se soucie pas de faire de *belles mains*, en terme de bureau, en leur faisant tracer leurs lettres dans celles que l'on a ajourées ou percées dans des feuilles d'étain d'environ un quart de ligne d'épaisseur. Cet exercice étant continué pendant quelques jours, met les jeunes gens dans le cas de pouvoir promptement former leurs lettres d'une manière passable.

Les hospices de charité, servant également d'asyle à de pauvres aveugles, on s'empresse de faire connoître ici la machine nouvellement imaginée en Angleterre par Mr. Grenville, pour mettre ces infortunés dans le cas de pouvoir apprendre facilement toutes les opérations de l'arithmétique ordinaire. On s'étendra même sur cette découverte, parce que l'on ne présume pas qu'elle soit encore connue dans un certain détail en

______

(1) Il est facile d'écrire de la main gauche et à rebours, quand on écrit sur des lignes perpendiculaires à sa poitrine, et non point parallèles, selon l'usage ordinaire.

France. Ce que l'on en va lire, est traduit du 4ᵉ. volume des Transactions ou Mémoires de la Société établie à Londres, pour l'encouragement des arts, des manufactures et du commerce, page 129 et suivante, édition in-8°, qui se vend chez Cadell, dans le Strand, à Londres.

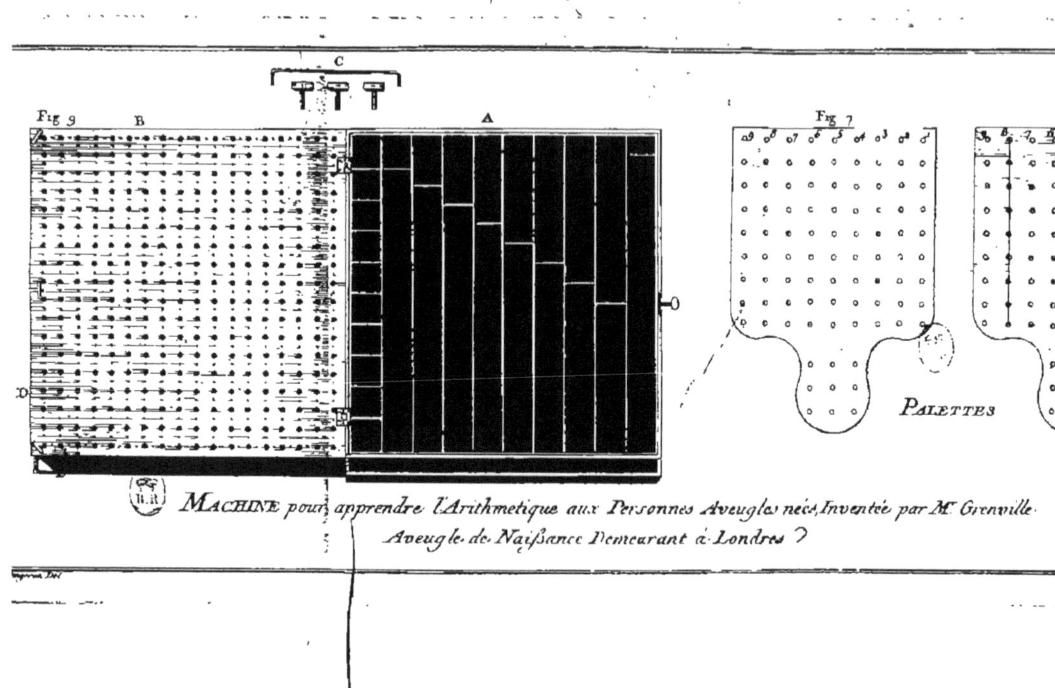



MACHINE pour apprendre l'Arithmetique aux Personnes Aveugles nées, Inventée par M.<sup>r</sup> Grenville Aveugle de Naissance Demeurant à Londres.

# NOTICE

*D'une machine inventée par M. GRENVILLE, par le secours de laquelle un aveugle peut faire les différentes opérations de l'arithmétique, et qui lui a valu une récompense de quinze guinées de la part de la Société établie à Londres, pour l'encouragement des arts.*

Extrait des mémoires manuscrits de M. PINGERON, membre de plusieurs académies, sur les arts utiles et agréables

———

CETTE machine, qui a été successivement perfectionnée, consistoit d'abord dans une simple palette d'une certaine grandeur, et de forme rectangulaire, vers la partie inférieure de laquelle se trouvoit une espèce de manche ou poignée, ayant la figure d'un quarré dont les angles étoient un peu arrondis. On voyoit, sur cette palette, fig. 7$^c$., neuf rangées perpendiculaires ou colonnes

de-trous, numérotées, en allant de la droite
à la gauche, par les chiffres 1, 2, 3, rangés selon la progression décimale que l'on énonce
par cette expression si connue : *Nombre,
dixaine, centaine, mille*, etc. Les rangées de
trous qui se trouvoient sur la même ligne
horizontale, ne servoient qu'à désigner la
valeur des neuf premiers nombres, 1, 2, 3,
4, etc. en commençant depuis le haut de
la palette jusqu'en bas, c'est-à-dire, jusqu'au
près du manche, dans le voisinage duquel se
trouvoit la neuvième rangée. Quant aux neuf
trous qu'on voyoit sur le manche, et qui formoient trois rangées de trois trous chacune,
ils ne servoient qu'à recevoir les chevilles ou
fichets dont on ne faisoit aucun usage (1).

Pour expliquer l'usage de cette mécanique,
nous supposerons qu'il faille écrire la date
de cette année 1787. On commence par placer une cheville ou fichet dans le premier
trou de la quatrième colonne, en allant de
droite à gauche ; ce fichet représentera un
mille ; on mettra ensuite une seconde che-

---

(1) Les trous remplis de noir indiquent ceux où l'on
a mis des chevilles.

ville dans le septième trou de la troisième colonne, où il représentera sept centaines ou sept cents ; *item*, une troisième cheville sera enfoncée dans le huitième trou de la seconde colonne, où elle indiquera huit dixaines d'unités ou quatre-vingts ; enfin, ou placera une quatrième cheville dans le septième trou de la première colonne, où elle vaudra sept unités ; ce qui fera en tout 1787.

Il est évident qu'un pareil procédé ne sauroit être ni plus simple ni plus ingénieux ; mais on doit convenir en même temps que les trous dans lesquels on plaçoit d'abord les fichets ou chevilles, exprimant seuls la valeur de chaque nombre, on étoit réduit à ne faire qu'un petit nombre d'opérations, et encore s'en trouvoit-on bientôt fatigué. M<sup>r</sup>. Grenville, né aveugle, s'avisa pour lors d'employer des chevilles qui pourroient représenter elles-mêmes chacun des neuf chiffres, au moyen de quelques signes qu'il leur adaptèroit, et qui seroient faciles à distinguer au tact. Dès ce moment, l'inventeur se vit à portée de résoudre un plus grand nombre de questions, même dans l'état d'imperfection où se trouvoit encore sa machine.

G iv

Lorsqu'il s'agissoit d'opérer sur des nombres de différentes espèces, comme sur des livres, des sols et des deniers, des toises, pieds et pouces, M. Grenville se trouvoit alors obligé de se servir de trois gros fils d'archal coudés ( voyez la fig. 8$^e$ ), à angles droits par les deux bouts, qu'il enfonçoit dans la palette, pour pouvoir distinguer au tact les trois différentes espèces de nombres sur lesquels il devoit opérer. Malgré cette précaution , il ne pouvoit pas nombrer une somme au-dessus de 9 $^{tt}$ 19 $^{s}$ 11 $^{d}$ et $\frac{3}{4}$ de denier. Or, pour tâcher de recouvrer les trois colonnes ou rangées verticales de trous que couvroient ses trois fils d'archal, M$^r$. Grenville s'avisa de ménager de plus petits trous entre les rangées de ceux dans lesquels il plaçoit ses chevilles ou fichets, pour pouvoir y placer les fils d'archal qui devoient servir à séparer ses différentes espèces de nombres : il fut alors à portée de pouvoir nombrer toutes les sommes au dessous de 9999 $^{tt}$ 19 $^{s}$ 11 $^{d}$ et $\frac{3}{4}$ de denier.

M. Grenville se procura ensuite une palette où l'on voyoit douze colonnes de trous, et autant de colonnes de trous plus petits,

percées chacune entre les colonnes des trous
les plus grands, pour avoir la commodité de
placer ses fils d'archal aux fins de former différentes divisions. Ce perfectionnement le
mit à même de pouvoir résoudre des questions plus compliquées qu'auparavant; enfin
le même particulier fit faire une nouvelle palette; fig. 3ᵉ, où il y avoit dix-huit gros trous
dans chacune des dix-huit colonnes, et autant de colonnes de petits trous percées chacune entre les premières. Sous cette palette
ou planchette, étoit un appareil ou large
boîte, divisée en plusieurs classes, pour y
mettre les fichets et les différens fils d'archal
coudés par le bout.

Considérant ensuite que malgré que cette
machine, ainsi augmentée et perfectionnée,
lui fut très-utile, elle n'offriroit cependant que
très-peu de satisfaction à ceux qui avoient le
bonheur de voir, parce qu'ils n'étoient pas
familiarisés avec les signes dont se servoit
Mʳ. Grenville, et qu'ils ne pourroient pas
juger si une question avoit été résolue ou
non, à moins qu'ils n'eussent opéré par eux-
mêmes; cet aveugle industrieux imagina de
mettre des marques sur la tête de chaque cla-

ville, et d'en imaginer de nouvelles pour sa propre satisfaction.

Chaque cheville avoit une tête cubique: le nombre 1 étoit désigné par une pointe d'épingle placée sur la tête de la cheville du côté droit ; le nombre 2 par une pareille marque mise du même côté, mais vers le milieu du côté du carré ; le nombre 3 étoit désigné par un pareil signe, mais placé à gauche ; le nombre 4 par une tête d'épingle placée à main droite ; le 5 par une même marque, mais placée au milieu du carré et à main droite ; le 6 étoit désigné de la même manière, mais la tête d'épingle se trouvoit à main gauche et au milieu du carré ; le 7 par un petit cran ménagé à main droite ; le 8 par le même signe, mais placé au milieu de la tête de la cheville à main droite ; et le 9 par un cran ménagé à gauche et vers le milieu ; quant au *zéro*, M<sup>r</sup>. Grenville le désignoit par une cheville sur la tête de laquelle il n'y avoit aucune marque.

Cette machine, telle qu'elle est aujourd'hui, procure la plus grande satisfaction au sieur Grenville, parce que, par son secours, il résout toutes les questions d'arithmétique avec autant de facilité que ceux qui n'ont pas eu le malheur d'être privés de la vue peuvent le faire sur le papier.

L'instrument dont il s'agit, étant ainsi construit, est non - seulement de la plus grande utilité aux aveugles, mais peut encore servir à enseigner l'arithmétique aux enfans, en leur faisant un jeu de cette science, dès qu'ils se seront familiarisés avec la valeur que l'on donne à chaque cheville (1).

*Description sommaire de la machine pour apprendre l'arithmétique aux aveugles, qui se trouve dans le dépôt de la Société établie à Londres, pour l'encouragement des arts.*

Elle consiste dans une boîte, fig. 9ᵉ., ayant dix-neuf pouces carrés en dedans, et environ deux pouces de profondeur, qui est divisée en plusieurs cases destinées à recevoir les fichets ou chevilles et les fils d'archal dont on va parler tout-à-l'heure, et qui sont

______

(1) On pourroit, en commençant, coller sur la tête de chaque cheville, la figure du chiffre qu'elle doit désigner. On enleveroit ensuite ce signe quand les enfans seroient plus familiarisés avec la valeur qu'on attribue à cette cheville.

nécessaires pour faire toutes les opérations de l'arithmétique. Le couvercle de cette boîte, qui supplée à la palette dont il a été fait mention en premier lieu, est percé d'une foule de trous qui forment des rangées parallèles. La première rangée est composée de dix-huit gros trous et de seize petits, placés alternativement entre les gros ; la seconde rangée est composée de dix-huit petits trous, placés chacun au dessous des trous d'un diamètre plus considérable ; la troisième rangée est comme la première; la quatrième comme la seconde, et ainsi de suite, et toujours alternativement jusqu'au nombre de trente-cinq rangées : tout le couvercle de la boîte se trouve alors percé de trois cents vingt-quatre grands trous et de six cents douze petits, qui forment un carré parfait.

Les chiffres sont représentés par des chevilles dont les têtes sont cubiques et distinguées les unes des autres par des épingles placées sur une des faces de ces cubes de la manière suivante.

L'unité est représentée par une pointe d'épingle qui est sur la face droite du petit cube; le nombre 2 par une pareille pointe mise au

milieu de la même face droite ; le chiffre 3
par une pointe implantée sur la face gauche ;
le 4, *5* et 6 sont indiqués par des têtes d'é-
pingles placées dans les trois différentes po-
sitions dont on vient de parler ; le 7, le 8 et
le 9 par des crans ou par des épingles cro-
chues, implantées de la même manière que
les épingles droites ; le *zéro* est désigné par une
cheville dont la tête est absolument unie et
sans aucune marque : sur le dessus de chaque tête de cheville, on voit imprimé le
chiffre qu'elle désigne pour rendre les opérations plus intelligibles à ceux qui ne sont
pas privés de l'usage de la vue, et qui ne
veulent pas avoir recours aux signes purement sensibles aux aveugles.

Ces chevilles sont destinées à être placées
dans les trous qui sont les plus ouverts ; les
fils d'archal pliés ou coudés à angles droits
vers leurs deux extrémités de la longueur
d'un demi-pouce, se placent dans les petits
trous, pour tenir lieu de ces lignes qui doivent séparer les différentes parties des opérations.

La boîte contient vingt-huit partitions,
distribuées comme on le voit dans la figure

suivante ; dix sont réservées pour les chiffres, et les autres pour les fils d'archal de différentes longueurs.

*Explication de la planche qui représente la machine imaginée par M. Grenville.*

A, boîte avec ses différentes cases ou divisions destinées à recevoir les fichets ou chevilles, et les barres ou fils d'archal, par le secours desquels on peut faire les différentes règles ou opérations de l'arithmétique. B, couvercle de la boîte, que l'on suppose être soutenu par ses pieds, à l'instar d'une petite table. On y remarque les trous de différentes grandeurs où l'on fait entrer les chevilles, et où l'on met les fils d'archal à volonté, pour désigner la valeur des chiffres, et distinguer les colonnes de chiffres. C, chevilles marquées de manière qu'un aveugle peut distinguer facilement, par le tact, la valeur qu'elles doivent avoir quand elles sont placées dans les trous destinés à les recevoir sur le couvercle B.

On trouve, dans le premier volume des Élémens de mathématiques de Wolf, traduits en françois, formant 3 vol. in - 8°., chez

Jombert, l'aîné (1), à Paris, rue Dauphine, la figure d'une machine destinée au même usage que la précédente, qui avoit été inventée par feu le docteur Nicolas Saunderson, célèbre mathématicien Anglois, qui étoit presque aveugle de naissance, car il perdit la vue, par la petite-vérole, à l'âge d'un an : ce malheur ne l'empêcha point, au sortir de l'enfance, de faire très-bien ses humanités. On dit même que *Virgile* et *Horace* étoient ses auteurs favoris, et que le style de *Cicéron* lui étoit devenu si familier, qu'il parloit latin avec une facilité peu commune. Après avoir employé quelques années à l'étude des langues, son père commença à lui enseigner les règles ordinaires de l'arithmétique, mais le disciple fut bientôt plus habile que son maître. Il pénétra dans peu dans toutes les profondeurs des mathématiques. Le jeune

_______________

(1) On trouve, chez le même libraire, *les Vies des architectes anciens et modernes*, *avec l'analyse des principaux édifices qu'ils ont construits*, traduites de l'italien par M<sup>r</sup>. Pingeron, 2 gros vol. in-12. On lit à la tête de cet ouvrage, une longue préface du traducteur, qui renferme sommairement l'histoire de l'architecture et de ses progrès, avec des notices sur l'art de faire les modèles des bâtimens en talc; procédés qui jusqu'alors n'avoient point été encore décrits.

Saunderson se rendit à l'université de Cambridge, où il fit des progrès surprenans, et
succéda même, en 1711, à Whiston, qui y
professoit les mathématiques ; la Société
royale de Londres se l'associa, et le perdit en
1739, à l'âge de 56 ans. Il laissa un fils et une
fille. Ses mœurs ne répondoient point à ses
taléns. On a de lui des élémens d'algèbre en
anglois, en 2 vol. in-4°. qui ont été traduits
en françois. Il avoit inventé, pour son
usage, *une arithmétique palpable;* c'est-à-dire,
une manière de faire toutes les opérations de
l'arithmétique par le seul sens du toucher.
C'étoit une table élevée, sur quatre pieds,
afin qu'il pût toucher également le dessus et
le dessous ; sur cette table étoient tracées
un grand nombre de lignes parallèles qui
étoient croisées par d'autres, de sorte qu'elles
faisoient entre elles des angles droits : les
bords de cette table étoient divisés par des
entailles éloignées d'un demi-pouce l'une de
l'autre, et chacune comprenoit cinq de ces
parallèles. Par ce moyen, chaque pouce
carré étoit partagé en cent petits carrés ; à
chaque angle de ces carrés ou à chaque in-
tersection des parallèles, il y avoit un trou
qui

qui perçoit la table de part en part: dans
chaque trou on mettoit deux sortes d'épingles, des petites et des grosses, pour pouvoir les distinguer au tact. Or c'étoit par
l'arrangement des épingles que Saunderson
faisoit toutes les opérations de l'arithmétique (1).

(1) M<sup>r</sup>. Pingeron a fait connoître, dans le journal
encyclopédique, une machine de son invention, par le
secours de laquelle un aveugle pouvoit écrire avec presque autant de facilité que s'il eût été clairvoyant ; et a
donné en même temps la description d'une autre machine pour remplir le même objet, qui avoit été imaginée
par une Dame de Paris, qui avoit eu le malheur de perdre
la vue à la fleur de son âge, à la suite d'une couche. Le
lecteur peut avoir recours à l'ouvrage périodique que l'on
vient de citer, pour satisfaire sa curiosité à cet égard. Ces
deux machines sont peu dispendieuses.

Personne n'ignore que M<sup>r</sup>. Hauy, Interprète du Roi,
a trouvé l'art d'enseigner à lire aux aveugles, et celui de
les mettre à portée de communiquer leurs idées par le
moyen de l'écriture. Cet art, presque miraculeux, consiste dans le foulage ou pression considérable, que des
caractères ordinaires, mis sous la presse d'imprimeur en
lettres, laissent sur des feuilles de papier. Le relief qu'on
obtient par ce moyen suffit aux aveugles, qui sont en
général doués du tact le plus fin, et en même temps de
la plus grande intelligence.

M<sup>r</sup>. Pingeron a connu en 1779, à la verrerie royale de
Saint-Quirin, sur les frontières des Trois-Évêchés et de
la province d'Alsace, un aveugle-né, nommé M<sup>r</sup>. Bidon

H

qui avoit appris le latin, le françois, l'italien et l'allemand ; cet aveugle touchoit encore très-bien du clavessin
et du piano forte, Sa sagacité étoit telle , qu'il tailloit le
crystal au touret avec autant de précision que s'il n'eût
pas eu le malheur d'être privé de la vue ; et qu'il raccom-
moda un jour l'orgue de la paroisse de Niderviller, petite
terre sur les frontières d'Alsace, appartenante à M'. le
comte de Gustine, maréchal de camp, près de Sarrebourg,
sous les yeux même de M'. Pingeron. M'. Bidon , qui
doit être encore vivant, étant un jour interrogé sur ce
qu'il pensoit de la possibilité de transmettre à la posté-
rité, les traits d'une personne, par le secours de la pein-
ture , répondit qu'il regardoit un portrait comme un relief qui s'applatissoit au point de devenir une surface
plane , sans que les traits qui indiquoient et détermi-
noient le contour de l'objet, s'écartassent au point de ne
plus laisser reconnoître la figure dont ils étoient les li-
mites. Cette définition , quoique supposant une chose
fausse, prouve qu'un aveugle, homme d'esprit comme
M'. Bidon , peut avoir des idées que ne lui transmettent
pas directement les sens.

# RÉFLEXIONS

## D'UN CITOYEN,

### OU

## NOUVELLES VUES

*Sur les moyens de rendre les hommes heureux.*

PAR M. PINGERON,

Ancien sécrétaire du Musée de Paris.

Fortune a Goddess is to fools alone,
The wise are always masters of their own.

L'HOMME est né pour la société et pour y vivre heureux. Or ce n'est qu'en se pénétrant de bonne heure de la nécessité d'y remplir exactement ses devoirs, qu'il a droit d'en attendre ce bonheur, après lequel il soupire et qui lui est réservé.

Comme la parfaite égalité des conditions est une chimère, n'existant pas même selon

le vœu de la nature, qui donne à certain
individus une force prodigieuse ou une sa
gacité surprenante, pendant qu'elle réfuse
d'autres individus de la même espèce de pa
reils bienfaits, il seroit donc absurde d
soupirer après un état qui ne sauroit av
lieu. Les circonstances ou causes physiqu
qui ne sont point à notre disposition, o
donc dû décider les institutions politique
et régler par conséquent la forme des dif
rentes sociétés. C'est donc un crime ou u
tentative ridicule, que de vouloir les chang

Il est faux que les sauvages soient to
égaux ; ils ont des chefs, savoir leurs ancie
et leurs plus braves guerriers, auxquels i
sont soumis au moins pendant un certa
temps. La différence qui se trouve entre c
nations vagabondes et les peuples policé
quelque corrompue que l'on puisse suppo
la manière de se gouverner de ces dernie
n'est surement pas à l'avantage des peupl
errans ou nomades. Sans cesse exposés à l
faim, aux horreurs de la guerre la pl
cruelle, presque sans défense contre les i
jures de l'air et l'intempérie des saisons
pourroient-ils nous faire envier leur tris

sort ? Un pareil souhait ne seroit donc que le vœu d'un soi-disant philosophe qui délire.

Si la société nous offre des ressources et nous procure des agrémens pour le prix de la petite portion de notre liberté que nous lui avons sacrifié, ne devons-nous pas la chérir et faire usage de tous les moyens qui sont en notre disposition pour sa prospérité ? L'amour de la patrie ne peut donc être séparé de l'amour de soi. L'égoïsme proprement dit, c'est-à-dire, l'amour exclusif de soi-même est donc un crime de lèze-société, beaucoup plus grand qu'on ne le pense.

Comme la société est représentée par ses chefs ou par un seul, selon la différence des gouvernemens, ces chefs, soit permanens ou pour un temps, méritent donc le respect de tous les individus qui doivent leur être soumis. Le sujet doit donc obéissance et respect à son souverain, comme le prince doit justice et protection à son vassal.

Les lois n'étant que l'expression de la volonté des premiers chefs d'une nation, volonté que l'on doit toujours supposer avoir été réglée et tempérée par la justice et par l'équité, les individus qui se sont soumis à ces chefs et à leurs descendans, doivent donc suivre ces lois ponctuellement, et avoir pour elles le plus grand respect, aussi long-temps qu'elles seront en vigueur.

Comme les sociétés, de même que chacun des individus qui les composent, se perfectionnent avec le temps, la législation doit donc suivre la même marche; mais il n'appartient qu'aux chefs de l'indiquer. S'il arrive quelquefois aux philosophes d'élever, dans cette circonstance, respectueusement la voix, c'est par un effet de la bienfaisance de leur souverain, qui leur en donne tacitement la permission, et non point en vertu d'un droit inhérent à l'état qu'ils ont embrassé, ou au rôle qu'ils veulent jouer dans la société.

Étant physiquement impossible de remplir ses devoirs sans les bien connoître, les fonctions les plus respectables d'un citoyen sont donc celles du sacerdoce; puisque celui qui l'embrasse, se voue à l'instruction des peuples, autant par ses discours que par ses exemples. Le sacerdoce ne se borne pas seulement au culte de la divinité, au service des autels et à l'instruction des hommes : la législation en est une des branches, parce que celle - ci a pour but essentiel le bon ordre et les actes extérieurs, de même que la religion étend son empire sur les consciences et sur les actions purement morales. Dans tout état bien policé, les magistrats intègres et éclairés doivent donc être respectés par les peuples, comme les ecclésiastiques, par le seul motif de la reconnoissance : le militaire défend ses concitoyens pendant quelque temps ; mais l'homme de loi les protège contre la fraude et la violence tous les jours de sa vie. Une excellente législation procure souvent de plus grands avantages à une nation, que le gain de plusieurs batailles.

De tous les maux qui peuvent affliger l'humanité, l'ignorance est, sans contredit, le plus terrible ; c'est d'elle seule que dérive l'oubli des devoirs. Or cet oubli attaque les principes constitutifs de la société : l'homme n'est souvent injuste que parce qu'il n'est pas intimement persuadé de la nécessité du bon ordre qu'il a troublé pour y trouver son bonheur.

Comme la propriété est ce qui lie l'homme le plus intimement à la société, et le rend nécessairement citoyen, les propriétés particulières ne sauroient donc être-trop multipliées ; il seroit donc à désirer que les inféodations des grandes possessions territoriales fussent très-encouragées, de même que ces subdivisions. Les terres en seroient mieux cultivées ; les premiers propriétaires n'éprouveroient aucuns dommages, et une nouvelle espèce de petites propriétés retiendroit un plus grand nombre d'hommes sur le sol qui les auroit vu naître.

Au fur et à mesure que les grandes terres seroient en vente, ne seroit-il pas de l'intérêt de la province où elles sont situées, de les acheter, pour les diviser en un très-grand nombre de petites propriétés qui entreroient dès ce moment dans le commerce ? On pourroit laisser les droits purement honorifiques à part, et les vendre en particulier à ceux qui, par les droits de leur naissance, seroient dans le cas de les acquérir.

Toutes les propriétés ne pouvant pas être foncières, depuis que la classe des citoyens, qui n'a d'autres ressources que son industrie, est devenue abusivement si nombreuse, par l'accroissement des grands domaines qui ont fait refluer les petits propriétaires dans les villes, ne devroit-on pas assurer à chaque citoyen le moyen de faire valoir celle qu'il s'est procurée, en limitant les permissions que l'on accorde aux étrangers, de s'établir dans différentes villes,?

La manière d'exciter l'industrie ne dépendroit - elle pas plutôt des récompenses ou *primes* accordées sagement à celui qui se distingueroit dans son art, de l'avis de ses confrères et d'un comité composé de juges éclairés et impartiaux, que du droit de l'exercer exclusivement ? La certitude d'une récompense prochaine a bien plus d'attraits pour celui qui cherche et qui perfectionne, que les avantages éloignés que doit lui procurer un privilége souvent violé, et qui donne presque toujours lieu à des contestations avec des rivaux ou des contrefacteurs.

Parmi les différens moyens d'encourager et d'exciter l'industrie, la vue des objets fabriqués en concurrence chez l'étranger, ou celle des dessins qui les représentent, ne sauroit manquer de produire le meilleur effet.

Chaque ville, chaque bourg devroit donc avoir, comme à Londres, à Francfort-sur-le-Mein et à Leypsig, un dépôt public de dessins et de modèles des différentes choses que l'on fabrique chez l'étranger avec une certaine supériorité. Les sociétés d'émulation ne devroient-elles pas avoir ces dépôts en garde, et avoir lieu dans tous les endroits un peu considérables, pour stimuler les artisans ?

Des prix donnés pour la bonne conduite comme pour l'industrie, ne seroient-ils pas les moyens les plus propres pour rappeler les hommes à leurs devoirs? Les punitions retiennent quelques individus ; mais les scélérats qui ont de l'énergie se flattent d'échapper à la poursuite des lois et à la vigilance des magistrats : les hommes sont toujours sensibles à l'intérêt et à une sorte de gloire. Telle est aussi la route que le gouvernement espagnol tient depuis quelque temps, d'après l'exemple des Anglois, pour tirer les peuples qui lui sont soumis, de cette apathie qu'on leur a reprochée si long-temps ; l'industrie va renaître en Espagne, et l'on rougira d'y rester oisif.

Ne conviendroit-il pas que l'on exigeât de rigueur un certificat de vie et de mœurs de tout homme qui voudroit exercer son industrie dans tout endroit qui ne seroit pas le lieu de sa naissance ? Ce certificat ne devroit-il pas être exigible et ostensible comme les passeports ? La pratique des vertus sociales deviendroit alors un nouveau moyen d'assurer son existence ; les mauvais sujets s'amenderoient et ne pourroient plus refluer dans d'autres endroits, pour y commettre de nouveaux désordres.

Les aumônes en argent ou en denrées ne sont-elles pas plus propres à favoriser la paresse, qu'à soulager la pauvreté, quand on les donne à ceux qui peuvent encore travailler ? Ne conviendroit-il pas de leur donner de l'occupation et de la payer généreusement, pour exciter les paresseux plus efficacement au travail ?

Ne devroit-on pas établir par-tout, ce qui se pratique, à ma connoissance, dans la première paroisse de Versailles, des loteries dont les lots seroient le produit du travail des pauvres ? Le bénéfice de ces loteries est uniquement appliqué à leurs besoins. Cette manière d'exciter la charité produit plusieurs bons effets. Elle amuse ceux qui s'y intéressent, assure le salaire des pauvres, pour les ouvrages qu'ils ont fabriqués, et met les personnes honnêtes dans le cas de faire, à très-peu de frais, deux actes de bienfaisance, en laissant le lot qu'elles peuvent gagner, aux malheureux, et en prenant des billets pour avoir droit à ces lots. Ceux-ci sont ordinairement des pièces de toile propre au ménage des simples particuliers.

Tous les bons citoyens ne devroient-ils pas désirer que l'inconduite et les mauvaises mœurs fussent de droit un motif d'exclusion pour toutes les places, comme l'incapacité et quelques défauts physiques ? Indépendamment des peines infamantes qui punissent les crimes et les fautes graves, un pareil usage n'augmenteroit-il pas le nombre des personnes honnêtes ? Il pourroit augmenter aussi celui des hyppocrites ; mais comme ceux-ci ont le plus grand intérêt à ne jamais être découverts, ils ne sont point scandaleux : enfin, l'espèce d'hommage que l'on rendroit à la vertu, empêcheroit leurs vices de se propager.

La religion étant le frein le plus puissant contre les crimes secrets, et la plus grande consolation dans les disgraces, tout homme qui la respecte peu, ou qui l'attaque dans ses discours ou dans ses écrits, ne se rend-il pas plus coupable que ceux qui manquent, dans toute autre circonstance, essentiellement à la société ? Ne devroit-il pas être l'opprobre de celle qui lui auroit donné l'existence ou qui l'auroit légèrement adopté ?

Ne seroit-ce pas une pusillanimité véritablement criminelle, que de craindre de publier de pareilles vérités, sous le frivole prétexte qu'elles sont déja connues, et par-là même triviales. Comme leur publicité n'a été que l'effet de la persuasion où l'on a été de leur grande importance, doit-on jamais se lasser de répéter, sur-tout aux jeunes gens, ce qui doit assurer notre bonheur, et ce que personne ne devroit ignorer ?

Les inscriptions morales, les sentences que les mauvais plaisans réservent pour les murs des cloîtres, ne seroient-elles pas propres à entretenir le goût de la morale, à prouver son importance, enfin, à nous rappeler sans cesse nos devoirs ? Ces inscriptions seroient la bibliothèque du peuple, et, étant écrites en langue vulgaire, il les retiendroit comme le nom de telles ou telles enseignes bizarres et souvent ridicules.

Qui pourroit nous prouver aujourd'hui que les hiéroglyphes dont les Egyptiens, ce peuple si sage, couvroient leurs monumens publics, ne fussent pas un précis de leur morale et de leur législation? Les inscriptions morales, trop négligées aujourd'hui, devroient être courtes, pour pouvoir être retenues plus facilement par le peuple. Certaines pourroient renfermer en peu de mots ce que tout habitant de quelques contrées ne devroit jamais ignorer. On en voit une dans ce genre sur la porte de la seconde enceinte de la ville de Lyon, du côté du faubourg de Vaize, conçue en ces mots : *Un Dieu, un Roi, une Foi, une Loi.* On ne pouvoit exprimer plus brièvement la constitution politique et morale du royaume de France.

Les cadrans solaires sont les seuls monumens publics qui sont restés en possession des sentences morales. La rapidité avec laquelle l'ombre du style les parcourt et y indique le temps qui s'écoule pour ne plus revenir ; l'ombre elle-même, cet ancien emblême de la vie et des vanités humaines, étoient bien propres à perpétuer l'usage où l'on est , d'orner ces cadrans de pareilles inscriptions.

Les pierres infamantes, comme celles que l'on voit en assez bon nombre à Venise et quelques-unes à Gènes , sont bien propres à contenir les grandes familles qui seroient ambitieuses et turbulentes dans les républiques. Sans le terrible article des considérations , elles seroient surement un frein de plus dans les autres gouvernemens , pour les personnes d'une certaine classe.

Ne seroit-il pas à désirer que l'usage des adoptions, qui ne paroît pas répugner à nos mœurs, fût remis en vigueur ? Les vieillards en seroient bien plus respectés , les jeunes gens seroient beaucoup plus dociles, et la bonne conduite auroit encore plus d'encouragement. Les Romains , dont les lois sont encore la base de la législation de l'Europe, avoient bien senti tous ces avantages; aussi revêtirent-ils cet acte de la volonté de celui qui adoptoit une personne pour lui

succéder, de toutes les formes qui devoient
le rendre respectable , et le définissoient :
*Actus legitimus naturam imitans.*

Puisse la destinée que quelques-unes de
ces réflexions tombent sous les yeux de ces
hommes puissans qui influent par leur crédit
ou par leur place sur le bonheur de leurs
concitoyens , et leur prouver de nouveau
que la vertu seule procure un bonheur solide et durable!

LETTRE

# DES AVANTAGES

*Que les Administrations provinciales, nouvellement établies en France, procureront nécessairement aux arts, aux sciences et aux lettres.*

LES bons esprits, les véritables François, et les personnes honnêtes de toutes les nations, conviennent unanimement que de tous les avantages que notre auguste Monarque pouvoit procurer à ses sujets, l'établissement des Administrations provinciales est sans contredit le plus grand. La jalousie que le régime des pays d'Etats excitoit depuis long-temps parmi les provinces qui étoit gouvernées d'après d'autres maximes, démontre que l'on en connoissoit la supériorité : ces mêmes provinces, en obtenant aujourd'hui la faveur d'être gouvernées par les mêmes principes que les pays d'Etats, s'applaudissent déja de voir disparoître l'arbitraire dans la répartition des impôts, et d'être gouvernées par leurs propres

I

citoyens, qui connoîtront mieux leurs ressources et leurs besoins : le patriotisme va y
jeter de nouvelles racines, et tous les hommes
honnêtes s'empresseront à contribuer au
bonheur du pays où ils ont vu le jour.

Une noble émulation s'établira entre les
provinces voisines, et tous leurs habitans,
animés du désir de bien faire, opéreront enfin
ce bonheur général auquel on ne pourroit
parvenir qu'en établissant une nouvelle Administration.

L'agriculture, cette source inépuisable de
richesses, sera désormais plus florissante, le
cultivateur mieux encouragé, le commerce
plus favorisé, et toutes les branches d'industrie moins négligées.

Tous ces avantages seront les suites nécessaires de la prospérité des nouveaux établissemens. Ils sont même si palpables, qu'il
seroit inutile de s'étendre sur cette matière.

Il en reste une cependant beaucoup plus
essentielle qu'on ne se l'imagine ; qui constitue l'homme moral, et qui, à son tour, influe sur l'homme physique : c'est la renais-
sance des bonnes lettres, des études sérieuses,
et la propagation des lumières utiles.

Tout le monde convient, d'après le *futi-lisme* de toute les nouvelles productions li-téraires, que le règne du bon goût va expirer: on ne voit plus que des bluettes pour des traits de génie, un arrangement heureux de mots sonores pour des pensées ; on ne lit presque plus les anciens, et on a jeté du ri-dicule sur l'érudition, seule source du goût. Enfin les bons esprits ont vu, même avec indignation, l'un des plus grands génies de l'antiquité qui, pendant plus de 2500 ans, a éclairé les hommes dans les écoles, traduit sur un de nos théâtres, pour devenir l'objet de l'insipide plaisanterie.

Mais d'où provient la décadence du goût, cette indifférence pour les langues anciennes, et cette préférence qu'obtiennent sur elles les idiomes modernes ? des mauvaises études, et de la dépravation des mœurs.

On n'étudie, pour ainsi dire, qu'à Paris, encore les savans professeurs de l'université gémissent-ils en secret de voir leurs écoles abandonnées dès qu'ils veulent en bannir la frivolité. On cite parmi eux, ceux qui savent les langues que parloient Homère, Hérodote, Thucidide, Xénophon, Démosthènes et Pindare, tandis que dans les moindres écoles des villages d'Angleterre, on regarde comme un foible mérite, celui d'expliquer les écrits de ces grands hommes à livre ouvert. Les Allemands, les Italiens pensent de même : le goût de l'érudition leur assure le sceptre des bonnes lettres et celui des sciences (1). On s'extasie chez nous devant une charade ; les bouts-rimés ont repris faveur dans les ouvrages périodiques ; les rébus de Picardie seront bientôt gravés sur les monumens, comme on les voit déja sur les porcelaines les plus précieuses ; enfin un siècle de barbarie est sur le point de commencer.

Cependant le principe fécond d'une foule de biens, étant solidement établi et universellement reconnu dans l'établissement des Administrations provinciales, il est hors de doute que l'on verra dans peu renaître le siè-

_______________

(1) Cette proposition paroîtra dure, mais de bonne foi ; de quelle découverte, à l'exception des celle des aérostats, pouvons-nous nous vanter dans ce siècle ? Disserter sur les recherches de nos voisins, n'est point créer ; entretenir le feu sacré du génie, n'est point l'allumer : soyons de bonne foi, la frivolité est l'ennemie de la méditation, et c'est en méditant que l'on fait des découvertes.

cle de Saturne et de Rhée. Si les Administrations provinciales prennent en considération
les études publiques, si elles daignent jeter
un coup-d'œil sur le plan qu'on y suit, et re-
commander la connoissance des langues anciennes, en moins de vingt ans, les maux
inouïs que le *frivolisme* a occasionnés, seront
réparés.

Les académies, sous les yeux de ces mêmes
Administrations, peuvent produire le plus
grand bien. Elles continueront à être les
dépositaires des lumières, exciteront l'industrie en proposant des prix pour la solution des problêmes les plus intéressans pour
le bonheur des hommes. On y rougira d'y
lire de mauvais vers, et ces mots d'un grand
sens, *Nisi utile quod facimus stulta est gloria*,
seront gravés en lettres onciales sous leurs
portiques.

Des écoles d'agriculture-pratique, s'établiront dans les riches abbayes ; ceux qui
les habitent, s'empresseront à y recevoir de
jeunes orphelins, pour les y nourrir, les vêtir.
Lorsque la nature aura donné assez de force
à cette jeunesse pour cultiver les communes
les plus voisines, au profit des pauvres de

chaque canton, les fermiers de ces mêmes abbayes, stimulés par les propriétaires, s'empresseront à diriger et à éclairer leurs travaux.

Les Administrations provinciales, établiront sans doute des écoles vétérinaires chacune dans leurs districts. On enseignera dans les séminaires, l'histoire naturelle, la botanique, la chimie, les mathématiques et le droit, au lieu d'y résoudre ces questions futiles que les Scholastiques de 13 et 14 siècles faisoient naître. Les curés et les vicaires des villages, déja bien précieux par les services importans qu'ils rendent, deviendront encore plus utiles, étant mieux instruits.

Des cours de physique espérimentale se feront, non-seulement dans les grandes villes, comme cela se pratique déja, mais des démonstrateurs, affectés à telle ou telle province, feront encore, comme en Angleterre, des cours de physique, successivement dans toutes les petites villes de l'arrondissement : il en sera de même des cours de chimie, que l'on supposera tous dirigés vers des objets d'utilité première (1).

_______

(1) Un pareil ouvrage nous manque; on pourroit l'in-

« Chaque ville aura son cabinet d'histoire naturelle, son dépôt de machines ou de dessins, qui en tiendront lieu : s'il y existe une académie des sciences, celle-ci sera chargée de ce dépôt et du jardin botanique.

« Les personnes studieuses travailleront à l'histoire civile et diplomatique de leur canton ; d'autres en feront l'histoire naturelle ; enfin la France sera connue aux François. Or, tous ces avantages ne peuvent s'opérer que sous les auspices d'une Administration permanente et résidente dans l'endroit même. On ne perdra plus de temps à prendre des renseignemens, tout sera connu.

Peut-être que le Dauphiné, cette province si disgraciée de la nature, et l'Auvergne, renferment des mines précieuses.

Des prix pour la meilleure histoire naturelle d'un district, feront naître ce genre d'émulation qui influera sur tous les arts ; on oc-

---

tituler la chimie domestique : on se contenteroit d'y donner les notions suffisantes, 1°. pour prévenir bien des accidens occasionnés par l'usage des vaisseaux de cuivre, des charbons allumés dans un endroit trop étroit, le méphitisme des fosses d'aisances ; 2°. pour préparer les alimens et les boissons les plus en usage

cupera tous les bras ; la paresse sera bannie ; on procurera une honnête aisance à tous les individus , et les établissemens de charité seront moins nécessaires.

Les réguliers redeviendront les citoyens les plus utiles ; on ne les taxera plus de nullité dans l'ordre social.

Les Bénédictins, qui, après avoir défriché la terre, l'ont éclairée par leurs savans écrits, et édifiée par leur conduite , se chargeront avec plaisir des recherches historiques ; les académies , de tout ce qui a rapport aux sciences et aux arts ; les médecins propageront les connoissances chimiques et botaniques ; enfin, les productions véritablement littéraires et savantes , imprimées dans les imprimeries (1) des Administrations provinciales , et mises sous les yeux de l'Europe

_______________

(1) Il seroit bien à désirer, qu'à l'imitation de plusieurs villes d'Allemagne , il y eut des imprimeries attachées aux maisons des orphelins: celles-ci occuperoient les personnes élevées dans ces maisons , et dont la force du corps seroit peu proportionnées à la nullité de leur fortune, les grands bénéfices qui en résulteroient seroient des fonds à ces maisons véritablement utiles . On éditeroit dans ces imprimeries, des livres d'usage ; les almanachs et autres ouvrages , dont l'utilité est universelle. Les moines avoient

savante, nous feront peut - être découvrir quelque Théophraste, quelque Dioscoride, et quelque Pline, caché dans un hameau ; peut - être n'en seroit - il jamais sorti sans la bénigne influence de la nouvelle Administration.

« Les beaux arts, concentrés à Paris, se répandront nécessairement dans les provinces, et contribueront à les embellir. Mais avant que ces temps heureux arrivent, on ne sauroit trop désirer que l'on fît en France le même réglement qui a lieu en Espagne : nul édifice public ne peut y être élevé, que les plans n'ayent été soumis à la censure de l'académie de Saint-Ferdinand, qui tient lieu à Madrid de notre académie royale d'Architecture.

« L'étranger qui parcourt la France, ne seroit plus indigné à l'aspect de tant de construc-

---

jadis leur imprimerie ; celle du monastère Allemand de Subiaco, dans la campagne de Rome, est une des premières qu'il y ait eu en Italie. Pourquoi les asyles de la jeunesse sans fortune, ne jouiroient-ils pas des mêmes prérogatives ? Enfin, ce qui se pratique dans une vaste contrée, peuplée d'hommes industrieux, parmi lesquels sont des hommes du plus rare mérite, peut se faire dans un autre où l'on jouit des mêmes avantages.

tions nouvelles, dignes des Goths et des Vandales.

Tels sont, en peu de mots, les travaux littéraires, ou dépendans des sciences et des beaux arts, que les Administrations provinciales peuvent favoriser sans effort. Pour lors les lumières, plus généralement répandues, concourront au développement d'une somme plus considérable d'industrie, rendront les hommes plus dociles, et en même temps plus éclairés sur leurs propres intérêts, et surtout plus reconnoissans envers le Monarque bienfaisant et les ministres éclairés qui secondent ses vues. A l'aspect d'un si beau jour, les esprits inquiets, pareils aux hiboux que le soleil chasse dans les cavernes, rentreront dans le néant. Puissent-ils expier dans le mépris, tous les maux qu'une plus grande docilité auroit pu prévenir !

# LETTRE

## SUR

## LES AGRÉMENS

### DE LA VIE CHAMPÊTRE,

*Traduite de l'Anglois par M. PINGERON, et tirée du* Sentimental Magazine, *du mois de juin de l'année 1773, page 166, première colonne.*

---

Mutato nomine de te fabula narratur.

---

PERSONNE n'osera nier que l'air de la campagne ne soit en général, pour ne pas dire presque toujours, plus sain que celui des villes, qui est si chargé d'exhalaisons et de vapeurs. Cette raison seule suffiroit pour engager ceux qui en ont les moyens, à aller vivre à la campagne. Un pareil séjour est bien plus convenable pour la santé, et plus ana-

logue à une vie sobre, réglée, contemplative
et pieuse, que celui des villes. L'innocence et
la vertu sont nées, élevées et nourries à la
campagne. Je ne prétends cependant pas dire
qu'elles soient absolument étrangères dans les
villes, mais elles ne les visitent guère qu'en
passant. La fleur de la jeunesse ne s'y épa-
nouit point aussi bien, et n'y est pas aussi
brillante qu'à la campagne ; la gaieté, le
plaisir et le contentement se plaisent sous
des toits rustiques ; la paix et la tranquillité
d'esprit accompagnent ordinairement le la-
boureur. La campagne offre à celui qui est
naturellement porté à la contemplation, un
coup-d'œil toujours pittoresque et enchan-
teur ; chaque objet y excite l'admiration et le
plaisir : nous y apercevons le Créateur, pour
ainsi dire, au travers de ses ouvrages *trans-
parens*. Nôtre cœur y palpite avec un plaisir
tumultueux, et notre reconnoissance se manifeste par des louanges et des actions de
grace. Nous sentons à la campagne la providence de tous les côtés, comme elle s'y
trouve effectivement ; nous sommes presque
ravis en extase, et nous commençons à
croire que l'homme est admis de nouveau

dans le paradis terrestre. Tous ces palais somptueux, ces temples magnifiques, ces tours dont le sommet se perd dans la nue, ne peuvent point procurer à l'homme raisonnable un plaisir aussi pur que le moindre des ouvrages de la nature. Que peut-on, en effet, lui comparer dans sa sublimité? La main de la sagesse divine est empreinte sur chaque objet qu'elle nous présente ; l'ordre, la régularité et l'harmonie, sont délicatement tracés sur un champ de verdure : la bonté est son timbre ou cimier ! O mon Dieu ! que tes ouvrages sont admirables ! que tes vues sont profondes ! Voilà son cri et, cette sentence que l'homme ne peut lire qu'avec une lunette qui l'invite à réfléchir : *Without a reflecting glass.* Lorsque vous avez devant vous, une vue terminée par l'azur du firmament, quand l'œil du jour ( quelques Américains appellent ainsi le soleil, quand ils en parlent avec emphase ) épanche sa chaleur, et répand sa bénigne et prolifique influence de tous les côtés, pour faire circuler le sang de la nature, lorsque l'œil aperçoit la terre, les mers et les cieux magnifiquement parés, quand l'œil de notre intelligence s'ouvre enfin pour

des scènes de gloire, et lorsque, plongeant sur
des mondes invisibles, il se débarrasse des
liens du corps, et anticipe sur cette joie qu'on
doit goûter sur une autre scène qui doit toujours durer, qui pourroit alors se former une
idée du plaisir sublime que l'on éprouve?

Chaque plante, chaque brin d'herbe, chaque fleur, chaque insecte annonce la sagesse
et la bonté de celui qui l'a créé. Un homme
attentif découvre des merveilles et aperçoit
de nouvelles beautés à chaque pas qu'il fait
sur la terre. Il pénètre dans les secrets de
la nature, et voit clairement de nouveaux
charmes, qui paroissent absolument confus
ou incompréhensibles à tout autre. Cet
homme jouit de la chaleur bienfaisante du
soleil, tempérée par l'haleine rafraîchissante
des zéphirs; un observateur superficiel n'est
frappé au contraire que de ce qui est vaste
ou d'une magnificence qui éblouit. Mais il
n'en est pas de même de celui qui observe
comme on doit le faire; il trouve la sagesse
divine aussi admirable dans le plus petit insecte, que dans ces orbes qui roulent sur nos
têtes. Comme il exerce en même temps son
corps et son esprit, il trouve alors l'occasion

de se satisfaire plus amplement ; il semble
ne soupirer qu'après de nouvelles connoissances. Or, un désir aussi raisonnable peut-il
être aussi complètement satisfait à la ville
comme à la campagne ? Où l'homme peut-il
mieux connoître son Créateur, et se connoître lui-même ? Plusieurs des habitans des
villes réunissent tous les talens, ont tous les
goûts, et n'ont pas le sens commun. Le plus
grand nombre n'est guidé que par le caprice,
la mode, le goût du temps ; leur raison est
obscurcie, leur jugement subordonné aux
circonstances, et leur esprit enveloppé dans
un tourbillon de fumée. Lorsque Pierre renia
son divin Maître, le coq chanta, mais, selon
le langage des habitans de la ville de Londres,
il hennit, *the cock neighs*, c'est pourquoi on
les appelle en anglois, des *cock neys*, tant ils
sont versés dans l'idiome rural. Comme j'al-
lois m'écarter un peu de mon sujet, je vais
donc visiter de nouveau les campagnes avec
le même plaisir qu'auparavant. L'homme riche y trouve un bonheur plus solide, des
plaisirs réels, et plus d'amusemens raisonnables qu'à la ville. L'agriculture, le jardinage,
monter à cheval, la pêche, la lecture, la

contemplation, et la chasse quelquefois, sont assurément bien supérieurs aux fêtes, aux bals, aux opéras, aux excès, aux jeux, à la solitude dans un boudoir, et à la perte du temps, etc.

Je fis, ces jours derniers, avec deux dames et un ami, la promenade la plus agréable dans l'île de Wight, qui est un des endroits les plus délicieux de l'Europe. A mesure que nous montions sur les dunes, la vue devenoit plus riche, plus variée et plus étendue: on découvre la mer, les vaisseaux de guerre qui sont à Spithead, la ville de Portsmouth, Ports-Dower-Hill, les clochers de Chichester, Calshiot, Castle, ou le château de Calshiot, la rivière de Southampton, etc. sur la rive opposée. Tandis que tous ces objets sont grandement surpassés par la charmante verdure des bois, celle des champs et des prairies sur ce rivage, la couleur des dunes, couvertes de la verdure la plus riante, paroît aussi douce à l'œil que celle du velours, et offre en même temps l'aspect le plus agréable; les petites montagnes semblent être les gardiens des fertiles vallées qui sont au dessous d'elles, en les défendant contre l'intempe-

perie

périe des saisons, le souffle glacé des aquilons, et les effets si nuisibles des bruines. On voit ici ces doux emblêmes de l'innocence, les agneaux bondir sur l'herbe, et jouer entre eux. Homme vorace et cruel, comment peux-tu égorger ces agneaux si doux, pour satisfaire ton apétit dévorant ? Ici les zéphirs agitent leurs ailes odoriférantes, et les prairies qui sont au pied des montagnes et des coteaux, exhalent leurs riches parfums. C'est du sommet de ces mêmes collines que l'on voit les vaisseaux aller et venir sans cesse, et former cette grande chaîne qui unit les nations les unes avec les autres. Mais comment décrirai-je ce globe de lumière, ce soleil radieux, nous disant un adieu solemnel du côté du couchant ? Il n'est pas surprenant que cet astre soit l'objet du culte de quelques nations, et que celles-ci adorent la créature à la place du créateur. Que ne fait pas l'habitude, pour nous engager à rapporter tout à nous ! Si un homme né aveugle se trouvoit dans l'instant doué de la faculté de voir, lorsque ce globe de feu va se plonger dans l'Océan, et qu'il en fût ébloui, qu'il seroit étonné et peut-être même effrayé ! Cependant, combien de milliers d'individus voient ce brillant spectacle avec la plus grande indifférence et la plus lâche ingratitude ! Après le départ de ce corps lumineux, la reine de la nuit commence à répandre sa lumière argentée. Tous les animaux retirés dans leurs asyles vont goûter le repos, excepté la triste philomèle, qui va nous peindre ses malheurs par ses chants plaintifs. Enfin de pareilles descriptions, sur-tout celle que vient de vous donner une plume émoussée comme la mienne, doivent paroître insipides ; mais, ô vous qui le pouvez ! venez et goûtez par vous-même des délices aussi pures et aussi raisonnables. Aldermans à grosse bedaine, élégans petits-maîtres, négocians qui pouvez renoncer au commerce ; vous, Israélites, qui aimez si passionnément l'argent ; vous, parasites si mielleux et si flatteurs ; et vous, courtisans à double visage ; vous, beaux-esprits qui végétez dans des greniers, et toute la nombreuse tribu des *Humbscull*, quittez l'air stupéfiant des villes, venez faire prendre à votre cerveau une dose salutaire de l'air de la campagne : cessez de vivre comme des automates ; que l'univers sache que vous ayez une ame, quoique sou-

vent peu élevée. Si vous respirez constamment l'air de la ville, vous devriez vous faire
ramoner le gosier aussi souvent que vos cheminées. Le poisson qui vit dans l'eau bour-
beuse, a le goût de la vase; il en est de
même de ceux qui ne respirent que la fumée
du charbon de terre, et les émanations de
l'encens offert à la déesse Cloacine, dont les
nombreux autels fument sans cesse. Ceux-ci
doivent avoir leur cerveau et leurs poumons
imprégnés de pareilles vapeurs. Faites seulement une petite incursion à la campagne,
et venez visiter la demeure champêtre de
quelques bons cultivateurs : si vos sens et
toutes vos autres facultés ne sont pas affoi-
blies, vous admirerez sa situation, vous l'am-
bitionnerez; vous le trouverez jouissant de la
meilleure santé, gai, plein de feu, libre de
toute espèce d'inquiétudes; vous verrez ses
enfans aussi beaux que de petits amours, ou
de petits Bacchus à trognes enluminées, se
livrer sans cesse aux plaisirs de leur âge, et
ne jamais connoître la tristesse : son épouse
vous paroîtra le modèle de l'industrie et de
l'économie. Puissiez-vous, d'après le système
de Pythagore, changer d'ame avec lui, et

que la vôtre puisse s'arrêter dans son corps ; vous vous imagineriez, pour lors, être dans les champs Elysées, ou vous enivrer de nectar au festin des dieux. Vous jouiriez alors de la vie, et de tous les avantages attachés à des mœurs pures et simples, selon les vues sages et bienfaisantes de votre Créateur.

Mais, après tout, les personnes instruites, et qui ont un mérite réel, ne se croiront pas comprises dans la distinction que j'ai établie entre les habitans des villes et ceux des campagnes. Le véritable philosophe est citoyen du monde, et se trouve heureux aux champs comme à la ville. Je n'ai pas plus de prédilection pour ceux qui habitent l'un ou l'autre séjour ; j'ai seulement écrit impartialement mes idées sur cette matière. Pardon, monsieur l'imprimeur, pardon ; je n'ai rien écrit contre vous, imprimez ma lettre pour moi, et vous m'obligerez.

Je suis, avec la plus parfaite considération, votre, etc. (1).

_______________

(1) *Note du traducteur.* Quelque bizarre que paroisse cette lettre, on n'a pas cru devoir y faire le moindre changement, parce que malgré qu'elle n'apprenne absolument

rien de neuf, elle peut cependant nous faire connoître le goût particulier que beaucoup de personnes ont, en Angleterre, pour le séjour de la campagne. C'est à cette passion si naturelle, que la grande Bretagne doit sa puissance et sa fertilité. L'agriculture n'y a fait des progrès réels, que parce que des personnes aisées et instruites ont osé faire des expériences, et, d'après leurs découvertes, sortir de la routine ordinaire. Leur exemple a influé sur le simple cultivateur, et presque toute l'Angleterre, pays jadis ingrat, est devenue féconde. Les Anglois sont les premiers qui ont écrit chez les modernes sur l'agriculture, qui en ont démontré les avantages et toute l'importance. Les autres nations les ont imités; mais il resteroit encore à désirer que la noblesse préférât le séjour de la campagne à celui des villes, et que loin de laisser ses vassaux en proie à toute la cupidité de ses gens d'affaires, elle vînt répandre sur eux des bienfaits, exciter leur industrie, et vivifier leurs champs. Toutes les richesses viennent de la terre; l'art ne fait que les façonner: l'agriculture ne sauroit donc être trop encouragée par le Gouvernement, et par les particuliers opulens, qui peuvent faire de grandes avances. Or, comment daigneront-ils s'intéresser à l'agriculture, s'ils habitent constamment les villes, et si les campagnes ne leur sont connues que par les tableaux qui les leur représentent?

# LETTRE

## SUR

## LE CHOIX DES ALIMENS,

*Traduite de l'Anglois par M. PINGERON, et tirée du* Sentimental Magazine, *du mois de juin de l'année 1773, page 160.*

———————

MONSIEUR,

L'ancien adage qui nous dit : *Qu'il faut manger pour vivre, et ne pas vivre pour manger,* est une maxime à laquelle nos épicuriens modernes, qui vivent dans la sensualité et dans la volupté, ne font pas assez attention aujourd'hui : il s'ensuit que le vulgaire, toujours disposé à suivre les mauvais exemples, a tâché, autant qu'il a été en son pouvoir, d'imiter, à cet égard, ses supérieurs.

Mais comme la jouissance de la santé dépend autant des bons alimens dont on se nourrit, que de la régularité dans sa conduite, et de l'exercice, je demanderai qu'il me soit permis de faire voir qu'une partie des alimens dont on fait usage aujourd'hui, est généralement nuisible à la santé. Comme ces observations intéressent chaque individu en particulier, et la société, je suis persuadé, Monsieur, que vous ne leur refuserez pas une place dans votre utile Journal.

1°. Nous nous trompons d'abord en nous nourrissant de plusieurs substances que ne produit pas le pays que nous habitons. Cette coutume est évidemment erronée, parce que la terre ne donne des fruits et autres alimens dans différens climats, que pour ceux qui les habitent. Par exemple, nous trouvons dans les pays chauds une grande quantité de poivre, d'épiceries, de vins, et plusieurs autres denrées que la nature nous a refusés : la raison en est évidente ; le relâchement occasionné par l'ardeur extrême du soleil dans ces contrées, y rend les stimulans et les aromatiques très-nécessaires pour balancer les effets de cette chaleur extraordinaire sur le corps humain. En effet, ces stimulans et ces aromatiques, en contractant et résserrant les fibres de l'estomac, donnent lieu à une bonne digestion. Je pourrois encore ajouter qu'ils sont encore utiles dans les mêmes endroits, pour empêcher la putréfaction, qui, venant à avoir lieu trop rapidement, occasionneroit différentes maladies graves. Notre patrie ne nous fournit pas les mêmes ressources, parce qu'elles y seroient absolument inutiles. La nature ne nous a jamais donné un estomac assez imparfait pour que nous eussions besoin de stimulans d'aucune espèce. C'est pourquoi l'usage de prendre quelque boisson après dîner, sous le prétexte de favoriser et d'accélérer la digestion, est extrêmement préjudiciable. Il conviendroit que les Anglois ne bussent et ne mageassent que ce que leur patrie produit; c'est pourquoi les articles suivans ne sauroient, à tous égards, leur convenir, à moins que ce ne fût comme médicamens. Ces objets sont toutes les espèces de poivre, sur-tout le noir et le chyan, comme étant les plus actifs de toutes les autres épiceries; les noix muscades, le macis, les clous-de-gérofle, la canelle, le gingem-

bre , les oranges , les limons , les citrons, les
pignons ou les raisins , les groseilles dessé-
chées , les raisins de Corinthe, les amandes,
sur-tout celles qui sont amères, parce qu'elles
sont un poison ; le café , le thé, le sucre et
tous les fruits conservés par son moyen ; tous
les vins étrangers , tels qu'ils puissent être,
en un mot, tout ce que l'on peut manger , et
qui ne croît pas dans le pays où nous de-
meurons : aucun vin ne pouvant nous convenir que celui que l'on pourroit faire en
Angleterre.

D'après les expériences les plus récentes
et les plus exactes en même temps , on a
trouvé que le café contient une substance
gommeuse, qui a les mêmes qualités que
l'opium, quoiqu'à un moindre degré. Le fré-
quent usage de cette infusion sera donc regardé ( du moins par cette partie de mes
lecteurs qui n'ignorent pas les principes de
la médecine ), comme étant absolument
contraire à ceux qui la boivent, sur-tout s'ils
sont valétudinaires, et s'ils ont le genre nerveux facile à s'agacer. Je suis disposé à
croire que le café, employé comme médica-
ment, a des propriétés dans le cas où il faut

employer les sédatifs comme je l'ai éprouvé moi-même.

Le thé tient beaucoup de la nature du café, pour ses efféts ; ses conséquences sont encore plus funestes, quand on le prend excessivement chaud.

2°. Il faut observer que malgré que nous mangions certaines choses que la nature produit dans nos climats, elles y sont généralement privées de leurs qualités, et comme dénaturées par la cuisine moderne ; par exemple, les choux, les concombres et plusieurs autres bons végétaux, qui nous fourniroient une nourriture salutaire, si nous les mangions dans leur état naturel ou simplement bouillis, sont changés en alimens les plus indigestes, en les faisant tremper ou cuire dans le vinaigre. Les préparations, de même que le vinaigre lui-même, sont très contraires à la santé, comme le docteur Cadogan l'a suffisamment démontré dans sa Dissertation sur la goutte.

Le veau mérite encore que nous y fassions attention. Il est certain que la nature n'a jamais prétendu que ces animaux, dont la chair fait une partie de notre nourriture, fussent mangés avant d'être arrivés à leur entier accroisement. Combien n'est-il pas absurde, et même imprudent, de tuer ces animaux avant que leur chair ait acquis le dernier degré de solidité ! La chair des veaux est évidemment un assemblage de fibres de la nature des cordes à boyau, extrêmement dures et indigestes. Il ne seroit pas moins absurde de vouloir se nourrir de poulets, avant qu'ils fussent sortis de leurs coques : il y a des preuves évidentes que le bœuf se digère avant le veau, et par conséquent on ne doit jamais manger aucune volaille, aucun animal ni aucun oiseau, avant qu'il n'ait pris tout son accroissement.

Le beurre est une substance qui n'est pas naturelle, et que l'on obtient par des procédés qui ne sont pas dans la nature. Nous ne saurions donc mieux faire que de le boire tel qu'il est combiné avec le lait qu'on tire de la vache.

Le fromage a aussi ses inconvéniens ; il ne convient guère qu'aux personnes qui exercent des professions pénibles.

Enfin il est ridicule d'avoir des heures fixes et déterminées pour ses repas ; l'homme qui

voudroit vivre selon la nature , ne devroit
manger que lorsqu'il a faim., boire de l'eau
quand il a soif, parce que c'est le meilleur
de tous les dissolvans ; se lever et se coucher avec le soleil , car il n'est pas douteux
que la nature le veut ainsi. Du lait nouveau,
du pain grossier, sont la meilleure nourriture
pour le matin et le soir ; différentes viandes
ou diverses volailles bien rôties ou bouillies,
sans aucune sauce, conviennent beaucoup
mieux vers le milieu du jour.

# LETTRE

## DE M. GENTIL,

Chevalier de l'Ordre royal et militaire de St. Louis, colonel d'infanterie, et porte-manteau de Madame Victoire de France,

## A M. PINGERON,

*Sur sa collection de dessins des principaux ustensiles en usage dans les hôpitaux étrangers, et dans les grandes maisons, pour y accélérer le service, et y épargner la peine des hommes.*

J'AI réfléchi, Monsieur, sur le projet que vous avez formé d'insérer dans vos *Œuvres mêlées*, une notice des différens ustensiles en usage dans les hôpitaux étrangers, pour y épargner la peine des infirmiers, accélérer le service, et pressentir, par cet essai, le goût du public, sur votre collection de différentes machines utiles peu connues en France. Je ne doute point que vous ne la publiez bientôt, dans le cas où l'on recevroit favorablement votre nouvel ouvrage.

Je ne puis donc qu'applaudir à votre zèle et m'empresser à vous communiquer la description d'une machine inventée, il y a déjà une douzaine d'années, par M<sup>r</sup>. Soulez, ancien chirurgien-major de l'hôpital militaire de Bastia en Corse, pour fournir aux malades les moyens de s'administrer eux-mêmes des espèces de fumigations ou bains de vapeur dans la bouche ; vous verrez alors que cette machine, inventée en Angleterre pour faire aspirer à certains malades des fumigations béchiques, et que vous m'avez dit s'appeler *jnhaler* à Londres, a été connue en France sous une autre forme, et inventée par un compatriote, et que les Anglois ne sont pas les *inventeurs universels.*

M<sup>r</sup>. Soulez prétend, dans une petite brochure qu'il a fait imprimer en 1778 à Avignon, avoir trouvé une nouvelle méthode pour guérir les pleurésies et les esquinancies par le moyen de vapeurs prises ou humées par la bouche.

'Après avoir établi qu'il présumoit avec un très-grand nombre de praticiens, que les pleurésies et autres inflammations de la capacité de là poitrine, avoient pour cause la stagnation du sang dans les petits vaisseaux sanguins du poumon; et que cette stagnation ou cette *stase* occasionnoit la fiévre, la difficulté de respirer, les points ou douleurs aux côtés de la poitrine : il assure qu'une chaleur douce dirigée jusque sur la partie affectée, opéreroit de très-bons effets.

C'est dans cette intention qu'il fit construire sous ses yeux, une machine qui, au moyen d'un long tuyau introduit dans la bouche, fournit telle quantité de vapeurs qu'il est nécessaire pour dissiper la stase du sang ; l'air humide et tiède que l'on respire par ce long tuyau, est chargé en même temps de vapeurs balsamiques, extraites de fleurs très-agréables.

Cette vapeur adoucit les âcretés de l'humeur trachéale et bronchique, en délayant les crachats, les rétablit promptement lorsqu'ils ont été supprimés, et prévient par ce prompt secours, les engorgemens, qui sont souvent mortels.

Cette vapeur balsamique continue encore sa route dans les lobes des poumons ; et au moyen de la circulation du sang, elle est portée au cœur par la veine pulmonaire ; une douce chaleur qu'elle laisse par-tout où elle passe, raréfie le sang condensé dans les vaisseaux du poumon, le flux reprend alors son cours, et la circulation étant rétablie, les douleurs de côté cessent avec tous les autres accidens, et le malade obtient bientôt sa guérison.

Après les inflammations de la poitrine, celles qui surviennent à la gorge exigent les plus prompts secours.

Les esquinancies ont pour cause la stase du sang, et une sérosité âcre et visqueuse qui, en comprimant les glandes voisines de la trachée artère, les empêchent de filtrer les humeurs propres à lubréfier le passage et le conduit par lequel se fait la déglutition, et le gonflement des glandes est si rapide, que le malade se trouve en peu de temps dans un état de suffocation. Un bain de vapeur produit un relâchement dans l'arrière-bouche, les conduits salivaires reprennent alors leur première fonction, et les obtacles sont bien-

tôt

tôt levés. Cette vapeur doit être administrée au moins pendant demi-heure de suite, et reprise demi-heure après.

Or pour faire des fumigations dans le cas de la pleurésie comme dans celui de l'ésquinancie, il faut avoir une cafetière de fer blanc battu, avec son couvercle, qui soit assez grande pour pouvoir contenir environ deux pintes d'eau, et qui ait une anse, et un tuyau rond d'environ 6 à 7 pouces de long, qui aille en diminuant, pour que le malade puisse le tenir dans sa bouche. Le dessous de cette cafetière doit être convexe, pour que celle-ci puisse profiter de toute la chaleur d'une lampe que l'on place dessous, ce qui peut s'entendre sans figures.

La boîte, qui est aussi de fer blanc battu, a une forme quadrangulaire. On y distingue par conséquent deux fonds et quatre longs côtés, dont un est formé par la porte. Cette porte est assujettie par deux charnières, et le tout ensemble compose une boîte de 3 à 4 pouces de haut sur 4 pouces et demi de large.

Dans le haut de la partie postérieure de cette boîte est un petit trou rond, du dia-

L

mètre d'une pièce de douze sols, par lequel on fait passer le bec de la cafetière ; et à quatre grands travers de doigt de la hauteur de sa partie inférieure, est fixée une plaque de fer blanc, percée en rond dans le milieu, qui est tenue par trois pièces ou supports; elle sert à soutenir la cafetière.

On place sous cette dernière une lampe de fer blanc à demi remplie d'esprit-de-vin, avec une mèche de coton. Au bas de la porte sont pratiqués plusieurs petits trous pour donner de l'air à la lampe lorsqu'elle sera allumée. A chaque côté de cette boîte se trouvent, vers le milieu de leur hauteur, deux petites anses, pour rendre la boîte portative.

Pour les pleurésies, on mettra dans la cafétière des fleurs de tussilage et de violettes, de chacune une petite demi-poignée, et deux cuillerées à bouche de bon miel blanc: on aura de l'eau bouillante toute prête dans un autre vase, qu'on versera dans la cafetière jusqu'à deux pouces au dessous du tuyau, pour que les fleurs ne puissent point s'y engager. Le malade, qu'il faudra faire saigner s'il est d'une complexion pléthorique ; recevra la vapeur qui s'élève de la cafetière pendant

une heure et demie : l'on lui donnera ensuite
un verre de tisane. Si après plusieurs heures
les douleurs au côté subsistoient encore, on
lui feroit reprendre la vapeur pendant une
heure.

Mr. Soulez prétend qu'il est rare de répéter cette opération une troisième fois. Si
le malade est sans fièvre, on se dispensera
de le saigner, et au lieu de fleurs de tussilage, on mettra dans la cafetière une demi-
poignée de fleurs de sureau, et l'on opérera
comme ci-devant. Les fleurs et le miel peuvent servir pour deux ou trois reprises. Les
douleurs étant dissipées, le malade peut
prendre des nourritures légères, et reprendre
ses occupations.

L'esquinancie, qui a pour cause la stase
du sang, et dont les progrès sont si rapides,
ne peut être, en partie, détruite que par les
saignées promptement faites tant au bras
qu'au pied ; les boissons rafraîchissantes,
tempérantes, édulcorées avec le sirop violat, seront la boisson ordinaire du malade.
Les bouillons de viande seroient plutôt nuisibles que salutaires, sur-tout s'ils étoient
trop gras. On administrera la vapeur da-

bord après la première ou la seconde sai-
gnée.

On mettra donc dans la cafetière une
poignée de fleurs de mauve, demi-poignée
de fleurs de tussilage, et deux cuillerées à
bouche de bon miel blanc ; on fera ensuite
recevoir au malade cette fumée pendant une
demi-heure sans interruption, et à un degré
de chaleur modéré.

Si le tuyau de la cafetière devenoit trop
chaud, il faudroit alors éteindre la lampe,
et la rallumer lorsque la chaleur commencera à se ralentir.

Après demi-heure de fumigation, on laissera reposer le malade une demi-heure, pour
recommencer ensuite à le vaporiser, jusqu'à
ce que le passage soit entièrement libre. On
lui donnera à boire de l'eau édulcorée avec
le sirop violat.

Si le malade étoit d'une constitution si
foible qu'il ne pût supporter les fréquentes
saignées, on y suppléera en lui faisant tenir
les jambes dans l'eau chaude jusqu'aux ge-
noux.

Les bains de vapeurs pris par le secours
de la machine inventée par Mr. Soulez, où

l'*inhaler* des Anglois, facilitent l'expectora-
tion, et conviennent aux personnes avan-
cées en âge qui ont la poitrine en mauvais
état, mais ils doivent être pris modérément.

J'ai cru, Monsieur, devoir emprunter
souvent, dans le cours de ma lettre, les mêmes
paroles de Mr. Soulez, et, en vous faisant
connoître sa découverte, contribuer à répandre un moyen de plus pour soulager l'humanité souffrante. J'espère que votre volume
ayant plus d'embonpoint que le pamphlet
de Mr. Soulez, ce traitement passera plus volontiers aux générations suivantes.

J'ai l'honneur d'être, avec la plus grande
considération, votre obéissant serviteur,

le Chevalier GENTIL.

A Versailles, ce 12e. janvier 1788.

# LETTRE

## DE M. DUFOUR,

### DOCTEUR EN MÉDECINE,

### A M. PINGERON,

*Sur la pressante nécessité qu'il y a de faire l'opération de la bronchotomie dans les esquinancies qui attaquent la glotte, et sur les moyens de modifier l'air qui s'introduit dans les poumons à l'occasion de cette opération.*

MONSIEUR,

Quoique je sois persuadé de l'utilité des secours que propose M<sup>r</sup>. le chevalier Gentil, pour les esquinancies en général, l'expérience fait cependant présumer que les effets de celles qui attaquent la luette, les cordes vocales, et la membrane interne du larynx, sont quelquefois si prompts , qu'il seroit dangereux de donner toute sa confiance à ces remèdes. Il y a des cas où il faut en venir, sans balancer, à l'opération de la bronchotomie. Attendre dans ces circonstances l'effet des secours les plus salutaires , c'est courir le risque que les malades ne soient étouffés avant que les remèdes aient eu le temps d'agir. Le danger est ici d'autant plus imminent , que les moyens employés sont sans succès, et que la maladie est grave avant qu'elle ait couru ses premiers temps.

Il y a deux puissantes raisons pour cela : l'une est que la glotte n'ayant, dans l'état naturel , que quatre ou cinq lignes de long sur une de large, si peu que l'inflammation gonfle les cordes vocales et les muscles des parties voisines , le malade est suffoqué par le seul effet du gonflement qui s'oppose au passage de l'air à travers la glotte.

L'autre raison se déduit du degré d'intensité auquel les accidens sont portés par le rétrécissement même de la glotte.

Supposons que dans cette espèce d'esquinancie , le diamètre de la glotte ne diminue que d'un tiers : comme il est prouvé, par le

calcul de M<sup>r</sup>. Désaguilliers, que de 48000
pouces cubes d'air qu'un homme respire
dans l'espace d'une heure, il en absorbe
3692 pouces, on sent combien il est dangereux pour ceux dont l'esquinancie attaque
le larynx, d'être privés tout-d'un-coup de la
moitié ou d'un tiers de l'air nécessaire pour
l'entretien de la circulation du sang et la
conservation de la vie : dès ce moment la
surface interne du poumon, qui, suivant M<sup>r</sup>.
Hales, est 19 fois plus étendue que la surface
du corps humain, étant privée de la moitié
ou du tiers de l'air nécessaire pour la rafraîchir, elle se trouve aussi moins distendue, ce
qui fait que le sang séjourne dans le poumon, l'engorge, et accélère la suffocation.
Tout cela est aisé à concevoir, quand on
sait que l'air qui dilate les poumons en tous
sens, augmente la capacité de leurs vaisseaux, diminue leur résistance contre le sang
de l'artère pulmonaire, et favorise ainsi la
circulation qui doit se faire à travers leur
substance, autant de temps que la vie dure.
Cette circulation, que les mouvemens al-
ternatifs de la poitrine facilitent beaucoup,
n'est jamais plus libre ou plus aisée qu'au-

tant que ces mouvemens sont également
éloignés et de la grande inspiration, et de
la grande expiration. Ce n'est que dans les
termes moyens de ces deux extrêmes, également capables de déranger la circulation
du sang, que les vaisseaux du poumon sont
les plus ouverts qu'il soit possible, et qu'on
trouve cette espèce d'harmonie qui est entre
le pouls et la respiration, harmonie qui est
dérangée aussitôt que l'une ou l'autre de ses
fonctions le sont.

Ce seroit une erreur de croire que les fréquentes inspirations suppléent à leur étendue, qu'il se fait une juste compensation
d'air en respirant 30 ou 40 fois par minute,
comme l'on fait dans l'esquinancie dont nous
parlons, au lieu de ne respirer que 20 fois
dans le même temps, comme l'on fait dans
l'état de santé. A la vérité ces fréquentes inspirations, qui tendent à entretenir l'égalité
établie entre la circulation pulmonaire et la
circulation générale, tournent jusqu'à un
certain point au profit des malades, mais
elles ne sauroient y suppléer entièrement;
aussi les malades sont - ils promptement
suffoqués par le sang qui engorge le poumon,

lorsque cette différence est trop marquée.

On croiroit d'abord que les inspirations et les expirations précipitées devroient suppléer à une plus grande dilatation du poumon, que deux dilatations moyennes devroient faire l'équivalent d'une dilatation plus ample : cela seroit peut-être vrai, si les pulsations des artères ne devenoient plus fréquentes quand la respiration est plus précipitée. Mais l'on sait que quand la respiration est ainsi gênée, le nombre des pulsations artérielles s'élève jusqu'à 120 ou 130 par minute, au lieu de 60 ou 70, qui est le nombre ordinaire dans cet âge ou l'homme est le plus sujet à l'esquinancie. Les pulsations redoublées détruisent donc plutôt l'effet d'une respiration plus fréquente, qu'elles ne réussissent à faire une compensation exacte entre la circulation pulmonaire et la circulation générale ; en effet, il est douteux que dans la gêne où se trouve le poumon, toutes les liqueurs passent exactement par ce viscère dans le même espace de temps qu'elles emploient à circuler une fois par toutes les parties du corps, comme cela se fait quand on se porte bien.

Il suit de tout cela, Monsieur, que quand

la maladie est très-pressante , que la vie du
malade est dans un danger imminent, il faut,
sans balancer , avoir recours à l'opération
de la bronchotomie; c'est le seul moyen qu'il
y ait pour introduire l'air nécessaire dans les
poumons, empêcher le malade de suffoquer,
prévenir les accidens instans, et donner aux
remèdes dont on fait usage , le temps de calmer l'inflammation des parties malades.

Comme les secours que M<sup>r</sup>. le chevalier
Gentil indique pour les maux de gorge , sont
très-bons, que d'ailleurs je ne me suis pas
proposé de vous communiquer ni un traité
de l'esquinancie , ni un traité de la bronchotomie, opération qu'on néglige peut-être
un peu trop , je passe aux moyens de corriger
l'air que respirent ceux à qui on la fait, afin
de les rendre aux malades aussi salutaires
qu'il est possible.

Vous conviendrez , Monsieur , que si la
partie de l'hygiène qui traite de l'aérologie,
insiste particulièrement sur la nécessité de
corriger les vices de l'air qu'on respire, cette
nécessité doit être plus grande dans l'opération de la bronchotomie , où l'air de l'atmosphère s'introduit tout-d'un-coup dans le

poumon, à la faveur de la canule qu'on me[t]
dans la trachée-artère, sans avoir éprouv[é]
les modifications qu'il subit dans la bouche,
dans la gorge, et dans les anfractuosités d[u]
nez, tout autant d'endroits humectés, échauf[-]
fés, tortueux et angustiés, à travers lesque[ls]
il passe avant d'être introduit dans la tra[-]
chée-artère.

L'on auroit de la peine à croire, si l'on n[e]
l'avoit vu, combien sont multipliées les cloi[-]
sons qui forment les cavités, les cellules et l[e]
sinus de ces parties, et quelle est l'étendu[e]
de cette tunique qui recouvre ou tapiss[e]
toutes ces cellules.

C'est des pores et des cryptes singulière[-]
ment multipliés sur la surface de cette tuni[-]
que, et sur celle qui tapisse la bouche, qu[e]
coulent ces humeurs douces, fluides, san[s]
odeur, sans couleur et presque sans saveur,
qui lubréfient ces parties. A part l'utilité re[-]
connue de ces humeurs pour la digestion,
entraînées avec l'air qu'on respire, elles l'hu[-]
mectent et le corrigent, soit en enveloppant
les angles des corpuscules irréguliers qu'il
entraîne, soit en émoussant l'action mal-fai[-]
sante des vapeurs qu'on respire : ajoutons à

cela , qu'en lubréfiant les parties , elles en préviennent le desséchement , et les conservent dans leur souplesse naturelle.

Dans l'opération de la bronchotomie , l'air étant privé de ces avantages , peut bien empêcher les malades de suffoquer ; mais la sécheresse dont il est doué doit leur être très-incommode , et même leur nuire jusqu'à un certain point. Pour se convaincre que l'air inspiré se charge de beaucoup d'humidité, il n'y a qu'à diriger celui qu'on expire sur une glace ou sur une autre corps uni , ou bien examiner sa respiration à l'air froid , et l'on verra sensiblement sortir de sa bouche l'air chargé de cette vapeur qui ternit et humecte les corps polis qui la reçoivent.

On seroit induit en erreur par une apparence trompeuse , si l'on croyoit que toute l'humidité de l'air expiré vient de la poitrine : on a des preuves du contraire dans la sécheresse que sentent au gosier ceux dont la nécessité ou l'habitude les forcent à respirer ou à dormir la bouche béante. On voit dans ces cas-là , que si l'air qui sort de la poitrine ne tend pas à dessécher la bouche, il est au moins peu propre à l'humecter , et

la poitrine elle-même en seroit bientôt des
séchée et incommodée, si l'air qui s'y in
troduit ne se chargeoit, chemin faisant, d
ces humeurs lubréfiantes, douces et mucila
gineuses qui se séparent dans les endroi
cités.

Comme l'air inspiré par ceux à qui l'o
a fait l'opération de la bronchotomie, n'e
ni humecté, ni échauffé par la bouche,
crois qu'il est très-important de suppléer a
modifications qu'il y subit, par une bouc
artificielle, faite à-peu-près comme il suit

On feroit une espèce de cône de fer blan
dont la base, imitant le contour d'une bo
cle de soulier, auroit deux ou trois pouc
de long, sur un pouce et demi ou deux
large : la cambrure de cette base, propo
tionnée à la grosseur du cou d'une personn
seroit disposée de manière à ne point i
commoder le malade. Ce cône élevé d'u
pouce et demi auroit à son sommet ou à s
pointe une ouverture longue et large de plu
sieurs lignes, à travers laquelle se feroit l
respiration. Les parois de ce cône seroien
troués ou évidés, par intervalles, dans tout
sa hauteur ; on couvriroit toute sa circonfé

rence d'une gaze ou d'un tissu fort clair, qui, en criblant en quelque façon l'air, retiendroit les corps étrangers qu'il pourroit entraîner.

Avant d'assujettir cette bouche artificiélle avec les bandelettes qui seroient attachées aux angles de sa base, on auroit soin de garnir le cou de plusieurs compresses fenêtrées, à travers lesquelles on passeroit la canule qui répondroit à son milieu.

Cet instrument ainsi disposé, on l'entoureroit de linges secs, chauds ou humides; on les tremperoit de temps en temps dans du lait ou dans des décoctions émollientes, adoucissantes ou anti-phlogistiques, selon les indications qu'on se proposeroit de remplir. On pourroit encore mettre dans la duplicature de ces linges des poudres analogues au besoin, et l'on auroit, par ce moyen, une nouvelle bouche qui corrigeroit l'air, et contribueroit en même temps à la guérison de la maladie. On éviteroit avec soin de couvrir l'ouverture pratiquée au sommet du cône, de peur qu'en interceptant l'air, le malade ne vînt à suffocquer.

Telles sont, Monsieur, les réflexions que je crois bonnes à ajouter à la suite de la lettre que vous m'avez fait l'honneur de me communiquer.

Je suis, Monsieur, etc.

ANALYSE

# ANALYSE

## DU TRAITÉ

# SUR LE CAFÉ,

Composé en Anglois par le docteur MOSLEY,

*Traduite par M. PINGERON, ancien sécrétaire du Musée de Paris.*

———

C'EST une opinion généralement reçue, que les alimens influent autant que le climat sur notre constitution, et que nos dispositions et même notre caractère en sont les effets, et qu'ils occasionnent fréquemment les maladies auxquelles nous sommes exposés, puisqu'elles sont presque toujours les suites de notre régime.

Si cette proposition est généralement vraie, il n'y a certainement point de connoissances qui intéressent l'homme plus particulièrement que celles qui lui font éviter ce qui est contraire à sa santé, et nous font

M

adopter ce qui peut améliorer notre condition.

L'usage de l'infusion des grains du café a été jusqu'ici borné, en Angleterre principalement, au luxe des tables de quelques particuliers. L'usage de cette boisson y a donc été rarement regardé comme devant intéresser le public. Cependant, l'administration ayant sagement considéré que le café étoit une des productions de ses îles dans les Indes occidentales, et que l'arbuste qui le fournit est cultivé par ses propres sujets, a dernièrement diminué les droits sur cet article de commerce : il s'ensuit donc que la boisson que l'on prépare avec les grains de café torréfiés, pourra être désormais à la portée de tout le monde dans la Grande-Bretagne, et que le bas prix auquel elle sera vendue, n'engagera personne à l'adultérer.

Il faut encore présumer que l'usage du café s'étendra bientôt généralement dans tout le royaume, comme il est étendu dans tous les autres pays, où il fait une partie de la subsistance journalière de tous les citoyens. L'influence extraordinaire du café bien

préparé, sur l'estomac, d'après ses qualités
toniques et confortatives, est prouvée dé-
monstrativement par ses prompts effets, lorsqu'on en prend quand l'estomac a été sur-
chargé par une trop grande quantité d'alimens, ou lorsqu'il est affoibli par quelque
autre excès.

Le café procure une sensation agréable
aux personnes qui ont l'estomac foible ; il
hâte chez elles la digestion, corrige les cru-
dités, et prévient la colique et les flatu-
lences.

Indépendamment de ces différentes propriétés, qui tendent toutes à conserver l'harmonie entre toutes les causes qui concourent
à la digestion, le café excite une chaleur douce
qui ranime la circulation des esprits vitaux,
et dissipe cette langueur et cet affaissement
qui rend la vie désagréable aux personnes
d'une constitution forte et robuste, après
qu'elles ont fait quelques excès, ou lorsqu'elles sont trop fatiguées.

C'est d'après la propriété d'atténuer les
fluides qui tendent à la viscidité et à l'épaissis-
sement, et à celle d'augmenter la vitesse de la
circulation du sang, que l'on attribue au café,

que l'on fait usage de cette boisson avec le plus grand succès dans le traitement des fleurs blanches, de l'hydropisie et des maladies qui proviennent des vers, comme dans celles que l'on nomme œdémateuses; dans l'anasarque et autres qui sont les effets d'une nourriture mal-saine, du défaut d'exercice, de la foiblesse des nerfs et d'une transpiration arrêtée.

Il y a peu de personnes qui ne connoissent l'utilité du café pour calmer les maux de tête, car sa vapeur suffit seule pour la diminuer.

Dans les Indes occidentales, où les maux de tête connus des médecins sous les noms de *cephalæa*, *d'hemicrania* et de *clavus*, sont beaucoup plus communs et beaucoup plus dangereux qu'en Europe; le café est le seul remède qui les soulage. On se sert quelquefois, dans ces fâcheuses circonstances, de l'opium, mais le café a un avantage sur ce remède, parce qu'on peut le prendre dans tous les cas où l'estomac se trouve, et qu'on peut le donner en tout temps aux femmes, qui sont les individus les plus sujets à cette terrible maladie. Le café dissipe toutes les congestions et les obstructions, qui sont très-

souvent la cause de ces maladies, tandis que
l'opium est reconnu pour les augmenter, lorsque le secours momentané que l'on en a reçu
est passé.

Le café ayant encore l'admirable propriété
d'exciter la transpiration, il tempère la soif,
et calme toute chaleur qui n'est pas naturelle.

On croit que le grand usage que l'on fait
depuis quelques années du café en France,
y a diminué considérablement le nombre de
ceux qui étoient sujets à la gravelle. En effet,
dans les colonies françoises, où l'on prend
plus communément du café que dans les colonies angloises; en Turquie, où le café est la
principale boisson, on y connoît à peine,
non-seulement la gravelle, mais encore la
goutte, maladie qui afflige un si grand nombre d'Anglais.

On a trouvé par l'expérience, que le café
étoit propre à appaiser les toux violentes qui
accompagnent souvent la petite-vérole, et les
autres fièvres occasionnées par des érup-
tions. Une tasse de fort café sans miel ou sans
sucre, étant prise fréquemment dans les pa-
roxysmes de l'asthme, tempère les accidens;
et l'expérience m'a fait voir souvent que ce

remède suffisoit pour guérir cette maladie. Sir John Floyer, qui a été affligé de l'asthme depuis sa 17ᵉ. année, jusqu'au-delà de sa 80ᵉ, n'a pas trouvé, dans tous les remèdes dont il a fait usage pendant toute sa vie, de plus grand soulagement que dans le café.

Le café étant fort et bien clarifié, devient, quand il est étendu dans une grande quantité de lait bouillant, un aliment balsamique et très-nourrissant, qui convient dans la phthisie, la pulmonie, et dans toutes les maladies où l'on prescrit le lait. Le café est encore un puissant restaurant pour ceux qui ont perdu leur embonpoint par les douleurs de la goutte ou par toute autre maladie.

Le café dispose à supporter, sans être incommodé, de longues veilles et des études suivies et très-sérieuses ; il prévient par conséquent les funestes effets de la privation du sommeil et du repos, lorsque le fluide nerveux ne fournit pas assez de moyens pour réparer la trop grande dissipation des esprits.

Bacon dit que le café fortifie la tête et le cœur, et facilite la digestion. Le docteur Willis prétend que si l'on fait un usage journalier du café, cette boisson est merveilleuse

pour dissiper ces nuages qui offusquent quelquefois la raison, et pour exciter à la gaieté.
Le célèbre Harvey prenoit souvent du café ;
Voltaire ne vivoit presque que de cette boisson ; les gens de lettres, ceux qui dans l'aisance mènent une vie sédentaire, dans tous
les pays, ont recours au café pour donner
du ton aux fibres de leur cerveau, qu'une
trop longue application ou des études trop
abstraites avoient, pour ainsi dire, affaissées.

On ne doit pas présumer que le café,
malgré ses admirables qualités, n'ait pas ses
contradicteurs ; mais le plus terrible de ses
ennemis à été Simon Paully. Ses préventions
contre cette boisson salutaire, ont, à la vérité, la même origine que ses préjugés contre
le thé, le chocolat et le sucre, c'est-à-dire,
des contes puérils et des anecdotes qu'il avoit
recueillis à la hâte dans des voyageurs peu fi-
dèles, et qui n'avoient d'autre fondement que
de faux rapports ou de fausses conjectures.
Cet auteur auroit dû consulter l'expérience.
Or c'est d'après ces contes que ce savant
homme rapporte et qu'il établit que le café,
de même que le thé chez les Chinois et
les Persans, agit comme un puissant dessi-

catif, et qu'il éteint la chaleur aphrodisiaque.
Ce sentiment a été adopté, et s'est perpétué
depuis cet auteur jusqu'à nous, de la même
manière qu'il l'avoit adopté et qu'il l'avoit
répandu. Tous ces faits ont été réfutés par
Dufour et par plusieurs autres voyageurs.

Sir Thomas Erbert, qui a passé plusieurs
années dans l'orient, nous apprend que les
Persans ont une idée bien différente du café,
puisqu'ils disent que cette boisson fortifie
le cerveau, qu'elle chasse la mélancolie et
dissipe le sommeil, débarrasse la tête, ranime
les esprits, et favorise singulièrement la digestion. Ils prétendent encore que l'usage
en est délicieux ; mais il n'est rien qui prouve
autant l'idée avantageuse que ces peuples
ont du café, que l'origine romanesque qu'ils
lui donnent. Le café, disent les Persans, fut
d'abord inventé par l'ange Gabriel, qui le
présenta à Mahomet pour le guérir d'un
rhume qu'il avoit pris, ce qui lui réussit à
merveille.

Une boisson qui contient des principes
aussi actifs que le café, et dont les effets sont
si marqués, doit nécessairement avoir donné
lieu à quelques abus et à quelques dange-

reuses applications : il doit y avoir aussi des personnes auxquelles elle est contraire, et dont elle trouble les fonctions vitales. Slare dit que si l'on fait un usage immodéré du café, il attaque les nerfs ; mais le docteur Fothergill, qui avoit lui-même le genre nerveux très-irritable, n'avoit jamais pris de café avec excès ; et quoiqu'il fût d'une constitution très-délicate, et qu'il ne bût jamais de thé, il a pris cependant du café presque tous les jours pendant plusieurs années, sans en recevoir la moindre incommodité.

Ces cas particuliers ne servent qu'à prouver que tous les hommes ne sont pas organisés de la même manière, et que le goût pour certaines choses, et l'éloignement pour d'autres, pour ne pas dire cette aversion, sert à mettre à profit cette variété d'objets que la nature nous présente, sur-tout dans le règne végétal. Les choses étant ainsi, la médecine ne retireroit aucun avantage de la physique, si celle-ci, pour nous exciter au travail, ne nous offroit que de vaines spéculations.

Plusieurs personnes ont été pendant long-temps en usage, en Angleterre, de mettre de la moutarde dans leur café, ou quelques autrès aromates : cela peut être très-avantageux aux scorbutiques ; à ceux qui sont d'une foible constitution et presque languissans, sur-tout aux vieillards et à toutes les personnes qui ont besoin d'un stimulant, ou, ce qui revient au même, d'une chaleur factice.

Les Orientaux ajoutent à leur café, ou des cloux de gérofle, ou de la muscade, de la canelle, de la graine de cumin, ou de l'essence d'ambre ; mais ils n'y mettent jamais ni sucre, ni lait. On met généralement du lait et du sucre sans aromates, dans le café, en Europe, en Amérique et dans les îles des Indes occidentales, excepté lorsqu'on le prend après le dîné ; on adopte alors communément la méthode françoise, qui veut que l'on prenne le café sans lait, et très-chaud.

Une tasse ou deux de café prise après le dîné, sans crême ou sans lait, facilitent singulièrement la digestion. L'expérience, dont le témoignage ne peut jamais nous tromper, a même fait voir que cette boisson étoit très-avantageuse à ceux qui avoient l'estomac paresseux. Si l'on prend un verre d'eau avant le café, comme cela se pratique dans le Levant, cette boisson agit pour lors comme apéritif.

Si la connoissance des principes du café, fondée sur un examen réflechi, et sur différentes expériences faites sur son usage, ne nous fournit aucun motif pour présumer que cette boisson puisse être contraire à la santé, et si d'un autre côté l'expérience, qui ne peut point nous égarer, nous en fait voir l'utilité dans plusieurs autres pays, je conclurai que l'usage du café ne peut être que très-avantageux, sur-tout en Angleterre. Il peut y devenir un aliment à la portée du peuple, et dont les pauvres peuvent retirer du soulagement dans une foule de maladies. Il seroit donc injuste d'attribuer au café les maladies chroniques, dont la manière de vivre des Anglois, régime si funeste à la jeunesse et à la beauté, remplit leurs villes.

## OBSERVATION DU TRADUCTEUR.

Dans le Nord, l'usage du café est porté presque à l'excès; on ne voit point qu'il en résulte d'inconvéniens. Les Polonois aisés prennent souvent, depuis leur dîné jusqu'à l'heure du soupé, et souvent après ce repas, jusqu'à cinq ou six tasses de café très-fort et de très-bonne qualité, que les Juifs leur apportent de Turquie. Les Allemands prennent aussi beaucoup de café ; à la vérité ; mais ce n'est, à proprement parler, qu'une légère teinture de cette graine, torréfiée.

Quoique les Italiens préfèrent le chocolat à toute autre boisson, ils prennent le café comme en France. Ceux qui désireroient connoître dans un certain détail tous les moyens que l'art a imaginés pour préparer cette boisson avec le plus grand avantage, pourront consulter l'ouvrage que M^r. Dubuisson, maître limonadier à Paris, et successeur du célèbre Procope, a composé sur le café. Il se vend chez M^r. Cussin, son gendre, rue de l'ancienne comédie française, à Paris, au café des Muses, où plus d'un bel-esprit a fait ses premières armes.

# LETTRE

Sur une nouvelle manière d'abréger l'opération par laquelle on bat la crême pour en
faire le beurre ;

*Traduite de l'Anglois par M. PINGERON.*

———————

MONSIEUR,

« Mes oreilles ayant été depuis peu régalées
du matin jusqu'au soir, de la musique mo-
notone de la serane ou machine à battre le
beurre, j'ai tâché de trouver quelques moyens
pour accélérer cette opération si ennuyeuse,
sur-tout durant cette saison. J'ai enfin la satisfaction de vous apprendre que mes tenta-
tives n'ont pas été absolument infructueuses.

Je me suis rappelé d'avoir entendu dire
dans mon enfance, qu'en glissant un morceau
de savon dans la serane, on jouoit un tour
perfide à la femme qui étoit chargée, dans

une métairie, du soin de faire le beurre. Je
n'ai jamais eu la méchanceté de m'assurer par
l'expérience du succès d'un pareil procédé:
je le regarde cependant comme certain, et j'attribue cet effet au sel alkali qui entre dans la
composition du sayon. J'ai donc présumé que
quelque préparation chimique ayant une
propriété contraire, pourroit par conséquent
produire un effet opposé. Je ne pouvois rien
imaginer de plus propre pour répondre à mon
but, ni trouver en même temps un moyen
plus simple que l'acide végétal acéteux. D'a-
près cette réflexion, je m'avisai, lorsqu'on
eut battu la crême pendant une demi-journée,
selon la méthode ordinaire ; de faire verser
un peu de vinaigre distillé dans la serane ; e
faisant ensuite continuer l'opération, le
beurre se trouva fait une heure après. Depui
cette époque, je me suis toujours servi de
ce procédé, et le succès le plus complet a
constamment couronné mon attente.

Si l'on admet cette supposition, que la
crême du vieux lait, tel qu'il est ordinairement dans cette saison, contienne beaucoup
de sel alkali plus fort qu'à l'ordinaire, ou
du moins une plus grande quantité de ce sel

que le nouveau lait, il s'ensuit donc que l'effet du vinaigre, en coagulant la crême, est absolument conforme aux principes connus de la chimie. C'est une propriété connue des sels alkalis, de s'unir avec l'huile, et de former un composé de la nature du savon, et de le rendre sur le champ miscible avec l'eau; mais les Chimistes savent très-bien en même temps, qu'il y a une plus grande affinité , selon leur façon de parler, c'est-à-dire, une attraction de préférence plus forte entre les acides et les alkalis, qu'entre ces derniers sels et les huiles: c'est pourquoi l'acide se trouvant mêlé immédiatement avec la crême, s'attache ou s'unit de lui-même au sel alkali; qui est le lien qui forme cette union, comme nous pouvons l'appeler : c'est lui qui tient unies ensemble les parties oléagineuses avec les parties aqueuses, et permet aussi qu'elles puissent se séparer facilement les unes des autres.

On pourra cependant objecter contre le moyen que je propose pour faire prendre la crême plus promptement, que l'acide étant mêlé avec cette subtance, rendra le beurre *inmangeable*, ou lui donnera tout au moins un très-mauvais goût. Mais ce n'est point

ici le cas, comme je m'en suis assuré par l'expérience, et je n'avois pas eu même lieu de
le soupçonner, parce qu'il est d'usage de bien
laver deux ou trois fois de suite le beurre dans
de l'eau claire, opération par laquelle on en-
lève tout l'acide qui peut s'y trouver : sil en
reste encore quelques particules, elles y sont
en si petit nombre, qu'on ne sauroit les apercevoir au goût ; dailleurs elles produiroient
peut-être un effet que l'on devroit désirer,
savoir, celui d'agir comme anti-septique, et
d'empêcher que le beurre ne rancît aussi
promptement que cela arrive ordinairement.

Je ne prétends pas, Messieurs, décider s'il
est au dessous de la dignité de votre ouvrage
d'avoir égard à la liberté que j'ai prise de vous
communiquer une découverte aussi peu importante en apparence ; mais je présume que
vous conviendrez avec moi, que le fermier
qui apporte le plus d'attention aux détails
même minutieux de l'économie rurale, sera
plus en état de payer la rente, et vivra plus
facilement dans l'aisance. C'est en accumu-
lant les sous que l'on parvient à se procurer
des louis. J'ai donc raison de croire qu'un
fermier se trouveroit au bout de l'année plus

riche

riche de quelques sous , s'il mettoit en pratique le procédé dont je viens de vous faire
part. Je suis du moins assuré qu'il diminuera
le travail de plusieurs bras, déja trop occupés,
et qu'il épargnera en même temps beaucoup
de dégoûts à une multitude de bonnes mé-
nagères.

Je ne suis cependant point encore parvenu
à déterminer exactement, par l'expérience,
la juste quantité d'acide nécessaire pour produire l'effet désiré sur une quantité de crême
donnée, ni le temps précis où elle doit être
versée sur cette substance ; mais je crois
qu'une ou deux cuillerées d'acide sur un gal-
lon ou deux pintes de crême suffiront. On
observera toutefois de ne les verser que
lorsque la crême aura déja subi une violente
agitation.

*Signé* RUSTICUS.

N

# MANIÈRE

## DE CONSERVER LES GRAINS,

### EN USAGE

### DANS LES ILES DE L'ARCHIPEL.

Les Grecs, qui forment encore aujourd'hui la plus grande partie de la population de ces îles jadis si célèbres, conservent leurs grains dans de grandes jarres de terre, vernissées ou non vernissées intérieurement, après l'avoir bien fait sécher sur l'aire. Lorsque ces jarres sont presque remplies, ils y mettent un lit de feuilles de figuier, qu'ils recouvrent ensuite d'environ trois à quatre pouces de cendres du bois du même arbre. Ils préfèrent, pour cette opération, la cendre du figuier mâle, qui est connu en Italie sous le nom d'*orno*. Les jarres se conservent dans un endroit tempéré et à l'abri de toute humidité. Lorsqu'on découvre ces grains pour l'usage auquel on les destine,

il en sort une espèce d'émanation si corro-
sive, qu'elle attaque la peau des mains et
des bras de ceux qui se chargent de ce soin.

Les Polonois conservent au contraire leurs
grains dans de gros tonneaux de paille, c'est-
à-dire qu'après avoir tordu la paille pour en
former une grosse corde d'environ un bon
pouce de diamètre, et en avoir assujetti tous
les brins avec un lien tiré des ronces, on en
forme des tonneaux comme l'on fait en
France des ruches de paille. Il faut avoir
soin de tenir ces tonneaux dans un endroit
sec : l'expérience générale fait voir que le
grain se conserve très-bien , sans qu'il soit
nécessaire de le remuer. Il faut veiller un peu
sur ces tonneaux, dans la crainte que les sou-
ris ne les rongent pour en dévorer le grain.

# NOTICE HISTORIQUE

## DE L'HÔPITAL ROYAL

## DE SANTA-MARIA-NUOVA,

### A FLORENCE,

TRADUITE en partie d'un ouvrage italien, intitulé : *Regolamento del regio Arcispedale di Santa-Maria-nuova di Firenze*, 1 gros vol. in-4°, imprimé à Florence, par ordre du Grand-Duc, en 1783 ; et à laquelle on a joint la description du célèbre fourneau économique, imaginé par M. PIERRE GIUNTINI, professeur de chimie, et surintendant de la pharmacie dudit hôpital : par M. PINGERON, membre de l'académie royale des sciences et des arts utiles de Barcelonne, ancien secrétaire du Musée de Paris, et attaché au bureau des plans du département des bâtimens du Roi à Versailles.

> Non ignara mali miseris succurere disco.
>
> VIRGILE.

# NOTICE HISTORIQUE

## DE L'HÔPITAL ROYAL

## DE SANTA-MARIA-NUOVA,

### A FLORENCE.

# ÉPITRE DÉDICATOIRE,

### ADRESSÉE

## A SON ALTESSE ROYALE

### LE SÉNÉRISSIME

# PIERRE LÉOPOLD,

Prince Royal de Hongrie et de Bohême, Archiduc d'Autriche et Grand Duc de Toscane, par *M. MARCO COVONI*, Commissaire de l'Hôpital de *Santa-Maria-nuova* à Florence, traduite de l'italien (1).

*HEUREUX sont les Etats où le désir de soulager l'humanité est le but principal d'une sage législation et de la vigilance*

(1) Quoiqu'on ne donne ici qu'une notice du célèbre hôpital de Sainte-Marie-nouvelle à Florence, et de ses réglemens, on a cru devoir faire connoître en même-temps l'hommage que l'auteur italien a fait à son sou-

active du Souverain qui est à leur tête. Ce but, infiniment plus louable que les recherches inutiles et les projets ambitieux, est celui qui rend dans ce moment le sort de la Toscane digne d'envie, et distingue sur-tout la glorieuse administration de VOTRE ALTESSE ROYALE. Le célèbre hôpital de Sainte-Marie-nouvelle sera toujours la preuve d'une pareille vérité. Cet établissement, dont l'origine a été obscure, s'est accru et s'est formé par la suite sous les auspices de la république de Florence, et sous la protection des Princes qui succédèrent à cette administration. Malgré son utilité et la réputation dont jouissoit cet hôpital, il auroit peut-être éprouvé le sort fatal, mais trop ordinaire des choses humaines, vu les malheurs des temps et la concurrence des autres établissemens du même genre, si VOTRE ALTESSE ROYALE

---

verain de l'ouvrage dont celui-ci n'est qu'un simple extrait. On ne sauroit trop publier la gloire d'un jeune prince qui tient-aujourd'hui un des premiers rangs parmi les bons administrateurs; et qui vient de donner une nouvelle vie à ses états.

ne s'étoit point empressée à rappeler cette institution à son premier objet, et à lui rendre son premier lustre, en augmentant ses bâtimens, et en lui donnant une nouvelle constitution également sage et solide.

Ayant eu le bonheur d'exécuter pour cette partie les ordres de VOTRE ALTESSE, et étant en même temps persuadé de sa modestie, j'ai eu moins en vue sa propre gloire en publiant cet ouvrage, que d'éclairer mes contemporains sur ce qu'ils peuvent faire pour soulager l'humanité souffrante, et de réveiller dans ses sujets la reconnoissance qu'ils lui doivent pour tant de bienfaits, et l'admiration des étrangers.

C'est en exposant les nouvelles preuves de la bienfaisance de VOTRE ALTESSE envers les malheureux qui sont privés de la santé, que j'ôse me présenter devant elle. J'espère que VOTRE ALTESSE daignera continuer de jeter un coup-d'œil favorable sur l'important établissement de l'hôpital de Sainte-Marie-nouvelle; et je me flatte en même temps qu'Elle daignera me pardonner, si je n'ai pas entièrement répondu à ses vues paternelles, soit dans la com-

pilation de ces mémoires, soit dans l'exécution de cet ouvrage. C'est avec cette confiance que, prosterné devant le trône de
VOTRE ALTESSE ROYALE, j'implore
l'honneur très-distingué de me dire,

Son très-humble et très-
fidèle serviteur et sujet,

MARCO COVONI,

*Le 7 octobre 1783.*

*Commmiffaire à l'hôpital de
Santa-Maria-nuova
à Florence.*

# NOTICE HISTORIQUE

## DE L'HOPITAL ROYAL

## DE SANTA-MARIA-NUOVA,

### A FLORENCE.

UN des établissemens les plus remarquables de la ville de Florence, parmi ceux qui ont pour objet le soulagement des malheureux, est, sans contredit, le célèbre et vaste hôpital de *Santa-Maria-nuova*, qui par son ancienneté, son opulence et sa splendeur, le dispute à tous les monumens de ce genre qui sont les plus renommés en Italie.

Cet hôpital doit son origine et son institution à la piété d'un noble Florentin, nommé *Folco di Ricovero Portinari*, qui en jeta les fondemens dans le treizième siècle.

On lit dans les anciens titres de cet hôpital, que le noble Portinari, dont on vient de parler, demanda à André, pour lors évêque de Florence, la permission de pouvoir faire bâtir une église, avec un autel en l'honneur de Sainte Marie, à la portée d'une grande maison qui étoit contiguë à la nouvelle église de Saint Egide, pour lors hors des murs de la ville de Florence ; maison qu'il avoit fait construire pour recevoir et soulager de pauvres malades.

On prétend que ce fut d'après les pressantes sollicitations de sa servante, nommée *Mona Tessa*, qui étoit très-portée à de pareils actes de bienfaisance, que ce noble Florentin se détermina à faire cette fondation. Il demanda encore à l'évêque la permission de pouvoir donner à cette église différens immeubles qu'il avoit à Florence, dans la paroisse de Sainte-Marie *al Fornello*, et dans celle de Sainte-Brigitte, pour l'entretien de cet établissement, et pour celui d'un prêtre qui seroit en même - temps ministre ou économe de son hôpital, qui y demeureroit. *Folco Portinari* demanda ensuite le droit de nommer à cette place d'économe, et de le transmettre à tous ses descendans mâles. Ce pieux Florentin demanda enfin

à son évêque, l'approbation des réglemens
de l'hôpital qu'il avoit fait bâtir, et auquel
il avoit déja assigné différens immeubles, qui
produisoient 300 florins, dits *piccioli*, de
rente. L'évêque de Florence ayant eu égard
à une pareille requête, donna sa sanction à
un pareil établissement, et accorda au noble
*Portinari* le droit de nommer les administrateurs de son hôpital, ainsi qu'à tous ses
descendans mâles ; mais il réserva le droit
de confirmer cette nomination aux évêques
qui lui succéderoient.

D'après un pareil privilége, le noble
*Portinari*, comme nouveau patron, choisit
un prêtre nommé *Benedétto di Ridolfo da
Monte Bonello*, pour recteur de l'église et
de l'hôpital dont on vient de parler, et
cette nomination fut confirmée par l'évêque.
Le prélat donna solennellement l'investiture
de cette place à cet ecclésiastique, par le
ministère d'un autre prêtre, nommé *Ale-
xandre*, qui étoit prieur de Saint Martin à
*Strada*. Le procès-verbal de la prise de possession fut dressé par Ser *Grazia di Arrigo*,
notaire de l'évêché.

C'est de cette investiture donnée par

l'évêque de Florence à l'un ecclésiastique,
qu'est dérivé son droit de ne pas laisser séparer l'autorité et l'administration spirituelle, de
l'administration temporelle de cet hôpital.

En 1696, un prêtre nommé *Benedetto*,
recteur de l'hôpital de *Santa-Maria-nuova*,
qui avoit été confirmé dans cette dignité par
l'évêque de Florence, comme on vient de
le dire, acheta de ce prélat, qui étoit délégué
apostolique pour cette partie, un couvent
voisin, connu sous le nom de Saint-Egide,
où restoient encore huit religieux de l'ordre de
la Pénitence, qui avoient été supprimés auparavant au concile général tenu à Lyon par
Grégoire X. Cet achat eut lieu moyennant
la somme de 2000 florins. Une des conditions
de cette vente étoit que les huit religieux
qui demeuroient dans le couvent de Saint-
Egide, y resteroient sous l'obéissance de leur
supérieur, qu'ils conserveroient leur règle et
leur habillement, et qu'ils pourroient aller
à la quête pour leur subsistance ; mais que
dans le cas où ils viendroient à manquer du
nécessaire, il y seroit pourvu aux frais
de l'hôpital. Le nombre de ces religieux
s'étant successivement réduit à un seul indi-

vidu, celui-ci renonça à son droit entre les mains de l'évêque de Florence, et le recteur de l'hôpital se mit alors en possession du couvent et de l'église, avec le consentement de l'ordinaire. Les souverains pontifes accordèrent à cette église et à cet hôpital différens privilèges, tels que des indulgences, et la réunion de plusieurs cures et autres bénéfices qui étoient à la campagne. Ces faveurs augmentèrent beaucoup les revenus de l'hôpital de *Santa-Maria-nuova* (1).

... La république de Florence ayant reconnu tous les avantages de cette pieuse institution, et en ayant éprouvé les bons effets, et surtout dans les temps de ces terribles épidémies qui désolèrent plus d'une fois la ville de Florence et toute l'Italie, ne négligea point

______

(1) On a cru devoir supprimer ici la longue énumération des dons faits par les papes, ainsi que leurs dates, tels qu'ils sont énoncés dans l'original italien, page 4 et suivantes, parce que l'on présume qu'ils ne sauroient intéresser notre nation. On remarquera seulement que le Pape Martin V assista en personne à la consécration de l'église de Saint Egide, qui est celle de l'hôpital, le 17 octobre 1420; que Nicolas V permit à cet établissement d'aliéner ses biens en 1452, et que le pape Sixte IV lui accorda le même droit en 1472.

d'en augmenter les priviléges et les revenus.
Elle accorda à cet hôpital une plus grande
quantité de sel pour sa consommation , et
des droits à prélever sur certaines denrées.
De pareils secours , joints aux aumônes et
aux legs pieux , mirent cet établissement à
portée de pouvoir soulager un plus grand
nombre de malheureux.

Lorsque la république de Florence eut été
détruite, l'administration , qui la remplaça,
prit non-seulement à cœur la conservation
de l'hôpital de *Santa-Maria-nuova* dans
l'état où elle l'avoit trouvé, mais elle s'attacha
encore à rendre cet établissement beaucoup
plus florissant et plus utile. Tel fut le fruit de la
vigilance et de la protection immédiate que
lui accordèrent les nouveaux souverains.

Dès les premiers instans de l'agrandisse·
ment de la maison de Médicis, le duc Ale·
xandre s'aperçut vraisemblablement qu'une
pareille institution intéressoit trop la piété
publique , pour être laissée à la discrétion
d'un seul particulier, quoique revêtu d'une
dignité ecclésiastique , telle que celle de
grand hospitalier de *Santa-Maria-nuova*.
Ce prince sentit qu'il convenoit que cet
hôpital

hôpital fût inspecté par le gouvernement lui-même, et qu'il dépendît immédiatement du souverain. Le duc Alexandré chargea donc plusieurs nobles et quelques autres citoyens éclairés et intègres, d'examiner l'administration économique de cette maison, pour s'assurer de l'état et de l'emploi de ses revenus.

Cette sollicitude véritablement paternelle, produisit plusieurs bons effets ; les revenus de l'hôpital furent augmentés par la cessation du *gaspillage;* un plus grand nombre de malheureux fut soulagé, et l'on fit des réglemens très-sages pour cet établissement. Plusieurs souverains zélés pour le bonheur de leurs sujets, s'empressèrent à se les procurer. Henri VII, Roi d'Angleterre, voulut avoir les réglemens de l'hôpital de *Santa-Maria-nuova*, lorsqu'il jeta les fondemens de l'hôpital de Londres. Ferdinand, premier roi des Romains, se procura également la description et les réglemens de cette institution ; et ce fut le célèbre historien de Florence, *Vicenzo Borghini*, qui fut chargé de communiquer ces détails à ce prince.

Ce même hôpital se rendit enfin si fameux, que les princes qui régnoient alors en Toscane lui accordèrent la suprématie et une jurisdiction sur les autres hôpitaux de leurs Etats.

Le patronat de cet hôpital, c'est - à - dire le droit de nommer ses principaux officiers ou recteurs, subsista jusqu'en 1617 dans la maison de *Portinari*; mais les souverains de la Toscane jugèrent à propos de réclamer ce droit, parce que son objet étoit trop étroitement lié à la souveraineté : ils cédèrent en échange à cette famille de *Portinari*, le patronat d'une commanderie de Saint-Etienne, avec le droit de nommer à la cure de Saint-Jean *in Petroio.*

Ces princes ayant pris à cœur les progrès de cet établissement, et l'ayant mis sous leur protection immédiate, s'attachèrent en même-temps à le rendre plus utile à toutes les classes de citoyens, ainsi qu'aux étrangers. On y établit un quartier pour les nobles, qui, de même que les autres hommes, sont exposés aux revers de la fortune. Ils eurent des salles et des dortoirs particuliers. On fit de nouveaux réglemens, et même divers embellissemens pour lesquels on employa différens artistes célèbres.

Monsignor Settimani, grand hospitalier, fit réparer par *Matteo Roselli* le Jugement dernier, dont la moitié avoit été peinte dans le cloître que l'on nomme *delle Ossa*, par *Fra Bartolomeo de la Porta*, et l'autre moitié par *Mariotto Albertinelli*. Toutes les figures nues qui sortent du tombeau sont de Roselli.

Les princes de la maison de Médicis choisirent toujours, pour l'administration et pour le régime de l'hôpital de *Santa Maria-nuova*, des personnes intelligentes et remplies de zèle, et prirent toutes les précautions convenables pour que les jeunes gens qui étudioient la médecine, la chirurgie et la pharmacie, y fussent bien instruits, et pour que les malades de toutes les classes y trouvassent un asyle et des secours dans leurs plus pressans besoins.

La Toscane ayant passé du gouvernement de la maison de Médicis sous celui de sa majesté impériale François I<sup>er</sup>, de glorieuse mémoire, l'hôpital de *Santa-Maria-nuova* continua à jouir des bienfaits du souverain. Ce prince en augmenta les revenus, changea la forme de l'instruction, fit des réglemens analogues aux circonstances, et fonda de nouvelles chaires pour les jeunes étudians et pour le plus grand avantage de l'humanité souffrante. Il fit transporter au loin le cimetière qui étoit au centre de l'hôpital, entre les infirmeries des hommes et celles des femmes. L'empereur François Ier fit encore examiner tous les anciens réglemens, et l'on en forma, par ses ordres, un corps complet en 1756. Les abus qui se commettoient dans toutes les parties, ne purent plus se cacher si facilement que par le passé, et beaucoup de parties de la nouvelle administration se contrôlant les unes et les autres, il devint très-facile au grand hospitalier d'en être promptement instruit. Le mérite des professeurs fut mis dans la plus grande évidence, et des prix accordés tous les ans aux élèves les plus habiles, firent renaître l'émulation et le goût pour l'étude. Ce prince fonda une nouvelle chaire pour l'art des accouchemens, qui fut alors réduit en principes; les sages-femmes furent obligées de fréquenter cette école à des heures particulieres, et l'on y donna des leçons pour elles seules. Malgré le zèle de

ce bon prince, malgré la sagesse des réglemens qui furent rédigés par ses ordres, son
éloignement de Florence ne permit pas que
ces mêmes lois fussent suivies avec la plus
grande exactitude. Les malheurs des temps
donnèrent encore lieu à des abus ; le service
des malades fut négligé ; il y eut des dépré-
dations, et par conséquent un *deficit* dans
les finances.

La gloire de rétablir le bon ordre étoit
réservée à Pierre Léopold, premier archiduc
d'Autriche, son fils, qui a succédé à ce
prince dans le grand duché de Toscane. Ce
jeune souverain, le modèle des bons administrateurs, voyant le nombre des malades
augmenté, la caisse de l'hôpital de *Santa-
Maria-nuova* épuisée, commença d'abord
par pourvoir largement aux pressans besoins
de cet établissement, en lui faisant remettre
une somme considérable d'argent. Il est à
présumer que sans de pareilles largesses,
cet hôpital n'eût jamais pu recevoir et
soulager une foule de malheureux, qui auroient langui dans la misère, et péri dans
des greniers ou dans des chaumières.

Pierre Léopold nomma une nouvelle com-

mission pour examiner les abus, et pour
y remédier. Si l'on n'avoit pas pris alors les
tempéramens les plus sages, et les plus
prompts, quels funestes effets la famine
qu'éprouva la Toscane en 1767, avec le
reste de l'Italie, n'auroit-elle pas produits ?
comment auroit-on pu pourvoir au soulagement de tant de malheureux, que l'enceinte
de l'hôpital, quoique déja très-considérable,
ne pouvoit plus contenir.

Comme la refonté des réglemens de l'hôpital de Santa-Maria-nuova, et le redresse-
ment de tous les torts donnoiént beaucoup
d'occupations aux commissaires nommés par
le prince, son altesse royale jugea à propos
de séparer de l'administration de cet établissement, celle des hôpitaux des provinces,
savoir ceux de Pistoya et de Pise. On en
chargea des personnes intelligentes et ani-
mées du bien public, qui demeuroient sur les
lieux, pour qu'elles fussent toujours prêtes à
surveiller les officiers subalternes, et à main-
tenir l'ordre.

Une des principales causes des abus qui
s'étoient introduits dans l'hôpital de *Santa-
Maria-nuova*, provenoit du défaut d'un local

commode et séparé pour les femmes enceintes et prêtes à accoucher. On se trouvoit dans la cruelle alternative de les rejeter avec inhumanité, quand elles étoient dans cet état critique, ou de les mettre avec les autres malades de différens âges, ce qui donnoit lieu aux plus grands inconvéniens. Pour prévenir ces abus, son altesse royale ordonna qu'il y auroit dorénavant des salles séparées pour les femmes enceintes malades, et que les autres femmes également enceintes, mais qui se porteroient bien d'ailleurs, seroient secourues gratuitement dans leurs maisons. Une des quatre sages-femmes payées par le gouvernement, et affectées à l'un des quatre quartiers de Florence, leur donne des soins, et s'il est nécessaire de faire quelques opérations, un des quatre chirurgiens-accoucheurs affectés aux mêmes quartiers, doit alors suppléer la sage-femme. Les uns et les autres sont payés immédiatement par la caisse de l'hôpital de *Santa-Maria-nuova.*

On mit dans un autre hôpital tous les malades attaqués de maladies cutanées opiniâtres et rebelles. Les insensés furent encore éloignés, et transportés dans une maison particulière. Enfin quatre personnes, déja très-versées dans les matières d'administration, furent chargées de l'emploi des fonds de l'hôpital, et des réformes, et, en un mot, de tous les détails économiques de ce vaste établissement.

Le grand-duc de Toscane a encore établi dans l'hôpital de *Santa-Maria-nuova*, une commission composée de médecins et de chirurgiens, pour consulter dans les cas difficiles et relatifs au traitement des différentes maladies, et à la direction des écoles.

Dé pareilles innovations ont absolument changé cet hôpital : on y a adopté un nouveau plan de comptabilité, une nouvelle manière de tenir les registres, et réformé les abus qui s'étoient introduits dans les écoles de cet établissement de piété.

Le collège des médecins de Florence a été déclaré libre et indépendant, et transporté dans l'hôpital de *Santa-Maria-nuova*; et le premier médecin de son altesse royale en a été déclaré chef et président des assemblées de la faculté. Les examens des médécins ; des chirurgiens et des apothicaires qui veulent pratiquer leur art dans la ville de Florence, se font dans une des salles du même hôpital de *Santa-Maria-nuova.*

Le nombre des malades devenant tous les jours plus considérable, on a senti la nécessité d'augmenter les bâtimens de l'hôpital, d'en construire de nouveaux qui fussent plus commodes et mieux aérés que les anciens ; et la bienfaisance du prince a procuré une plus grande quantité d'eau constamment coulante et de la meilleure qualité. On a bâti une pharmacie plus spacieuse, avec un laboratoire de chimie. On a joint à l'hôpital un cabinet d'histoire naturelle, où l'on voit un droguier des plus complets, où toutes les drogues sont rangées par classes, et sont étiquetées, avec la nomenclature relative à ces divers objets dans les différentes provinces. On trouve encore dans ce cabinet d'histoire naturelle des herbiers ou *jardins secs*, comme disent les Italiens ; et l'on a établi un jardin botanique à portée du cabinet, pour l'instruction des jeunes médecins, des jeunes chirurgiens et des apothicaires qui pratiquent dans cet établissement. On voit tout auprès une belle salle dans laquelle se font les cours de botanique.

Le grand-duc a fait encore construire un vaste et magnifique amphithéâtre pour les démonstrations anatomiques, dont les murs sont couverts de belles peintures, analogues à la destination du local.

L'architecture, qui est un ordre composite richement orné d'emblêmes qui font allusion à l'anatomie, est du professeur *Giovacchino Masselli;* le fond est d'un autre professeur figuriste, nommé *Santi Pacini.* On y voit la Médecine qui implore les lumières d'Apollon et les secours nécessaires pour secourir l'humanité souffrante : on remarque ensuite que ce même Dieu y est environné par trois femmes qui désignent la Botanique, la Chimie et la Pharmacie, et qu'il leur montre avec le doigt un squelette, symbole de l'étude de l'anatomie. On voit enfin au pied de ce groupe, différens enfans qui lèvent le masque de l'Imposture, la poursuivent, et renversent tous les vaisseaux et les petites bouteilles des charlatans, qui *symbolisent* eux-mêmes l'Imposture. On remarque dans le lointain le temple d'Esculape; où l'on rend honneur à cette divinité.

.. On voit sur l'entrée principale de l'amphithéâtre, le buste de son altesse royale le grand-duc de Toscane, avec ces mots latins, *Præsidium et decus.* Dans les ornemens de la frise de l'entablement, sont les portraits des plus célèbres professeurs d'anatomie et de médecine grecs, savoir, Hippocrate, Galien et Erasistrate, et ceux des quatre plus fameux médecins et anatomistes italiens, Bellini, Malpighi, Morgagni et Cocchi.

Au milieu de chacune des deux parties latérales, sont deux bas-reliefs, dont l'un représente un enfant qui observe le cœur d'un lièvre ouvert, avec ces mots latins, *Principium sermonis medici anathome est;* et l'autre, différens enfans qui considèrent l'œil, l'oreille et les autres parties d'une tête, avec les mots, *Physiologia est animata anathome.*

On trouve auprès de l'amphithéâtre (1), une salle pour les leçons d'anatomie.

---

(1) On peut citer comme un des plus beaux monumens de la capitale, les nouvelles écoles de chirurgie. L'architecture en est riche et pure en même-temps, qualites essentielles que la plupart des architectes modernes

Indépendamment du bien-être des malades et de la commodité du service que l'on a eu principalement en vue dans l'hôpital de *Santa-Maria-nuova*, on n'y a rien négligé pour procurer tous les avantages possibles aux jeunes étudians en chirurgie, en mé-

semblent un peu négliger, même dans les monumens de la plus grande importance. Les licences qu'ils croient devoir prendre, sont le prélude de la décadence de l'art. On tombe bientôt dans le bizarre ; or, du bizarre à la barbarie il n'y a qu'un pas. — Je profiterai encore de cette occasion pour rappeler au lecteur ce beau distique latin, qui sert d'inscription à l'amphithéâtre de chirurgie de Paris, et que l'on attribue à Santeuil :

*Ad cædes hominum amphitheatra prisca patebant.*
*Ut difcam longum vivere nostra patent.*

Je citerai encore l'inscription qui est sur l'amphithéâtre de Montpellier :

*Hic gaudet mors succurere vita.*

Celle qui est sous le buste du roi, dans le jardin des plantes de la même ville,

*Inter vitales succos herbasque salubres,*
*Quam bene stat populi vita salus que sui.*

Enfin, pour rendre cette note plus intéressante encore, je la terminerai par l'inscription qui est sur la porte du jardin botanique de Pise :

*Hic argus esto et non Briareus.*

decine et en pharmacie, qui sont pensionnaires dans cet hôpital , parce qu'il est
raisonnable de traiter convenablement tous
ceux qui se vouent à des professions aussi
pénibles et aussi utiles à l'humanité.

Plusieurs célèbres naturalistes et médecins
les plus zélés de l'hôpital de *Santa-Maria-
nuova*, entre autres le fameux docteur Anto-
nio Cocchi, s'étoient plaint , de vive voix et
dans leurs écrits, de ce que cet établissement manquoit d'une suffisante quantité
de bonne eau , cet élément si nécessaire
aux pauvres malades. Celle dont on faisoit
usage étoit sur-tout nuisible à ceux qui
étoient attaqués d'obstructions ou de quelques maladies putrides. Le souverain , sensible à ces justes représentations, a ordonné
qu'il fût dérivé du principal tuyau qui conduit la meilleure eau à son palais, la quantité d'eau suffisante pour le service de
l'hôpital.

Comme la consommation du bois parois-
soit excessive dans ce même établissement,
vu le grand nombre de cheminées particulières, on a porté des vues d'économie sur
cet objet. Il a été construit, d'après les idées

de M. Pierre *Giuntini*, professeur de chimie, et sur-intendant de la pharmacie de l'hôpital, un fourneau également simple et économique, qui sert non-seulement à la préparation de toutes les espèces d'alimens pour plus de mille personnes; mais encore à échauffer l'eau pour les bains et pour toutes les boissons chaudes des deux infirmeries, et procurer le renouvellement continuel de l'air: il attire encore et détruit toutes les mauvaises exhalaisons, et sert enfin d'étuves pour faire sécher le linge pour les malades. On donnera une notice détaillée de ce fourneau à la fin de cet article.

On auroit fait jusqu'ici fort peu de choses, si l'on se fût borné à réparer les anciens bâtimens de l'hôpital de *Santa-Maria-nuova*, et à en rebâtir de nouveaux, et si l'on ne se fût pas occupé en même temps de la rédaction d'un nouveau réglement politique et économique, qui prévînt les abus, diminuât les dépenses, et fît enfin renaître l'ancien esprit de cette pieuse et utile institution.

Quoique ce réglement soit le plus simple et le plus concis qu'il est possible, il forme cependant un très-gros volume in-4°, ma-gnifiquement imprimé par Cajetan Cambiagi, imprimeur du grand-duc.

On y considère l'établissement de *Santa-Maria - nuova* dans toute son étendue et dans chacune de ses parties. Sous le premier aspect, c'est un corps moral et politique, qui exige indispensablement un chef pour le diriger, et des subalternes pour exécuter avec toute l'harmonie et tout l'ensemble possible, pour la conservation de ce même corps.

Si l'on envisage cette institution sous le second point de vue, on doit la considérer comme un hôpital, comme un patrimoine, comme une école et comme une famille.

L'hôpital de *Santa-Maria-nuova* considéré comme un patrimoine, exige non-seulement une parfaite connoissance de ses fonds, de ses revenus et de ses charges, pour le bien gouverner ; mais encore une admi-nistration économique, fidèle et exacte, avec des bureaux biens montés, et des hommes intelligens pour être à leur tête.

Considéré comme hôpital, cet établisse-ment demande des bâtimens assez étendus et de la plus grande solidité, des talens et de la capacité dans les personnes qu'on y emploie pour le service immédiat des malades, et sur-tout du zèle et l'esprit de détail.

Si l'on considère cet établissement comme une école, il exige des maîtres habiles et zélés, des élèves dociles et studieux, des théories sûres et fondées sur l'expérience, pour que les jeunes étudians puissent apprendre facilement toutes les sciences qui ont pour objet la conservation et le rétablissement de la santé.

Si on l'envisage enfin comme une nombreuse famille, il lui faut un réglement économique, certain, constamment suivi, et dont tous les objets soient bien déterminés, pour que tous les individus agissent d'après la même impulsion, et concourent au but de l'établissement. Or, toutes ces matières sont distribuées de la manière suivante.

*Coup-d'œil*

*Coup-d'œil général de tous les emplois et de tout les Employés dans l'hôpital de Santa-Maria-nuova.*

On voit dans l'ouvrage dont nous venons de donner quelques fragmens, un grand arbre pareil à ceux que la vanité des hommes a fait imaginer pour faciliter les moyens de voir une longue suite d'aïeux, réels ou chimériques, avec leurs alliances : cet arbre est très-bien imaginé pour représenter un grand ensemble et ses détails, par ses ramifications.

Le tronc indique la direction générale, représentée par un commissaire ou surintendant, qui est choisi et autorisé par le souverain ; ce commissaire doit avoir les instructions nécessaires pour faire observer le bon ordre dans cette vaste et importante communauté.

Cet arbre a quatre principales branches, qui sont le symbole des quatre principaux départemens auxquels se rapportent tous les emplois et les employés dans un hôpital. La première branche indique la direction économique du patrimoine, et par conséquent les emplois du computiste et de ses commis, du cuisinier et de ses aides, de l'archiviste, des gardes des archives et des registres.

La seconde branche indique tout ce qui a rapport au service immédiat des malades, pour le spirituel comme pour le temporel.

Des capucins, au nombre de sept prêtres et d'un frère laïc, sont chargés du *spirituel* sous l'un d'entre eux, qui a le titre de *président*.

On rapporte au service *temporel*, les soins médicinaux, c'est-à-dire ceux que donnent aux malades les professeurs ou médecins respectifs, dont les uns ont des honoraires fixes, et les autres des brevets d'expectans ou de surnuméraires. Les soins chirurgicaux regardent les chirurgiens respectifs pour les différentes classes de maladies.

La pharmacie vient ensuite, et l'on comprend dans cette partie, le surintendant de l'apothicairie, le maître apothicaire, ses élèves, et les garçons ou les aides de la pharmacie.

Les détails des infirmeries viennent après. Il faut qu'elles ne reconnoissent qu'un seul chef, qui a le titre de surintendant, et qui dirige les infirmeries des hommes comme celles des femmes, 1°. par sa vigilance, son zèle et son attention à redresser les plus petits abus ; 2°. par le concours des infirmiers respectifs qui lui sont tous subordonnés, et celui des médecins de quartier et de leurs élèves, qui sont admis à pratiquer dans l'hôpital.

L'infirmier subalterne a sous lui des jeunes gens et des domestiques, dont les grades, les dénominations et les fonctions sont désignées sur les différens rameaux qui sortent de cette branche.

L'infirmière des femmes a sous ses ordres des oblates ( sorte de religieuses qui se vouent au service des pauvres malades ), qui font le service des infirmeries, et des servantes séculières. Elle a également dans son district, les femmes en couche et les convalescentes.

La troisième branche renferme les écoles établies pour les jeunes gens qui apprennent la médecine, la chirurgie et la pharmacie, dans l'hôpital de *Santa-Maria-nuova*. Or ces écoles sont les suivantes :

L'école de médecine-pratique et chimique, celle d'anatomie et de géométrie,

La physiologie, les institutions chirurgi-cales, et les opérations avec l'art des accou-chemens.

La botanique.

La chimie et la pharmacie.

Un président choisi par le grand-duc de Toscane, de même que les dix professeurs respectifs, est à la tête de ces écoles et de la bibliothèque.

La quatrième branche est consacrée au réglement de la famille spirituelle, et aux réglemens économiques. L'église est du ressort du spirituel, ainsi que le premier curé, le cathéchiste, le second curé, le sacristain et les chapelains respectifs.

Le maître-d'hôtel ou contrôleur, préside à la partie économique ; c'est lui qui dirige en même-temps le conservatoire des oblates pour la dépense journalière, et inspecte le garde-meuble, la cave, les cuisines, les provisions, la dépense ou lieu des distribu-tions, les réfectoires des jeunes étudians et des aides, les offices particuliers, tout ce qui a rapport aux boulangeries, aux tueries et à la boucherie. Toutes ses fonctions sont développées et fixées dans l'ouvrage dont on donne ici un extrait, et y forment le sujet d'autant de chapitres particuliers. On voit encore à la fin de ce réglement, des modèles d'état et de tableaux très-propres à faciliter le maintien de l'ordre nécessaire dans une administration aussi étendue et aussi compliquée. Cette partie seule peut être de la plus grande utilité pour toutes les grandes maisons.

Je me suis contenté de traduire la quatrième section de cet ouvrage, qui traite du but des écoles, de leur nombre, de leur espèce, et des qualités requises dans les jeunes étudians, et dans ceux qui souhaitent être admis parmi eux. J'ai rapporté en même temps les réglemens qui fixent les devoirs du président des études, des professeurs de médecine clinique, d'anatomie ; ceux de l'anatomiste, des jeunes gens qui dissèquent sous ses ordres, du lecteur des institutions chirurgicales, du professeur de l'art des accouchemens, du professeur de botanique et de chimie pharmaceutique, et enfin du garde du jardin botanique et de la bibliothèque. Comme ces devoirs peuvent être remplis de la même manière, dans tous les pays, et qu'ils ne sont point dans le cas de pouvoir être modifiés par des circonstances locales, j'ai cru que ces articles méritoient la préférence sur tous les autres. D'ailleurs je n'ai prétendu donner ici qu'un simple aperçu, et non point la traduction complète des réglemens de l'hôpital de *Santa-Maria-nuova*. Je crois que l'on s'en occupe dans ce moment, par ordre de l'administration. Dans cette hypothèse, il n'eût point été délicat de courir sur les brisées de l'homme de lettres qui a mérité la confiance de M. le baron de Breteuil, ci-devant ministre de la maison du roi ayant le département de Paris. Je terminerai ce simple exposé par la description détaillée du fameux fourneau économique de l'hôpital de *Santa-Maria-nuova*. On en voit le modèle à Paris, dans la salle de marine qui est contiguë à celle où s'assemblent MM. de l'académie royale des sciences, au vieux Louvre. Ce modèle, qui est très-considérable, ne laisse rien à désirer pour les plus petits détails. Il a été fait à Florence, sous les yeux de l'inventeur du fourneau, ainsi que le modèle qui a été envoyé à sa majesté sicilienne.

*De l'objet des écoles de l'hôpital de Santa-Maria-nuova à Florence, de leur nombre et de leurs espèces, et du nombre des jeunes étudians et des autres personnes que l'on doit y admettre.*

Le but des écoles que l'on se propose d'établir dans l'hôpital de *Santa-Maria-nuova* à Florence, est 1°. de réunir aux lumières que l'on acquiert sous le médecin clinique, ces instructions théoriques et pratiques qu'on n'est pas ordinairement à portée d'avoir dans les universités ; 2°. de former complétement un habile chirurgien et un apothicaire éclairé.

D'après de pareilles vues, on établira dans cet hôpital huit chaires relatives à l'art de guérir, c'est-à-dire que l'on y enseignera la médecine-pratique, l'anatomie, les institutions chirurgicales, les cas de pratique dans la chirugie, les opérations sur le cadavre, l'art des accouchemens, la botanique, la matière médicale, la chimie appliquée à la pharmacie. On aura de plus un laboratoire pourvu de tous les instrumens et de tous les ustensiles nécessaires.

Les jeunes gens qui seront admis dans ces écoles, seront divisés en deux classes.

La première sera composée d'externes qui pratiquent en ville, et la seconde de jeunes gens qui pratiqueront dans l'hôpital même.

On n'exigera des externes qui pratiquent la médecine et la chirurgie, ou qui s'occupent de la chimie, d'autres démarches à faire pour avoir la permission d'assister aux différentes leçons, que d'avertir le président des études, pour que celui-ci en donne avis au commissaire pour lors en exercice, et aux professeurs dont les externes voudront suivre les cours.

Quant à ceux qui pratiquent et qui sont attachés à l'hôpital, ce seront les douze médecins pratiquans, les quatre médecins assistans, et les seuls pensionnaires pour la chirurgie.

Pour être admis comme médecin dans l'hôpital et dans les écoles, il faudra prouver que l'on a déja pris le titre de *Docteur* dans quelque université.

Ceux qui désireroient être admis au nombre des jeunes pensionnaires qui veulent apprendre la chirurgie, subiront des examens sur la langue latine, la géométrie et la logique. Cet examen se fera en présence d'un commissaire *pro tempore*, ou de quartier, et le président des études interrogera.

Lorsqu'il y aura plusieurs postulans, on n'aura aucun égard à l'ancienneté des demandes, mais au seul mérite des aspirans. Or celui-ci se manifestera dans un concours où chacun d'entre eux sera examiné séparément et sur les mêmes matières. Le président des études proposera lui-même les difficultés à résoudre, en présence du commissaire *pro tempore*. Ce dernier, de concert avec le président des études, choisira le plus habile des aspirans, lorsque ce sujet sera reconnu d'ailleurs pour être de bonnes mœurs et pour avoir les autres qualités nécessaires. On aura encore égard pour l'admission, aux connoissances du candidat dans les différentes parties de la philosophie.

Lorsque les jeunes gens qui se destinent à l'étude de la chirurgie, auront été admis comme pensionnaires, on les distribuera

en trois classes, à chacune desquelles on
donnera régulièrement telles ou telles leçons,
et auxquelles on prescrira tel ou tel genre
d'étude auquel cette classe devra s'appliquer
plus particulièrement.

La première classe, dite *des novices*, apprendra l'anatomie et les institutions chirurgicales, au moins pendant deux ans.

La seconde classe, appellée la *classe des
anciens*, s'instruira, pendant les deux années
suivantes, des cas de pratique de chirurgie,
apprendra à faire les opérations sur les
cadavres, l'art des accouchemens, et s'exercera en même-temps dans cette partie.

Quant à la troisième classe, dite des jeunes
chirurgiens de *Medicheria* ou de pratique,
dans laquelle les sujets passeront encore
deux autres années; elle assistera non-seulement à toutes les leçons que l'on vient d'indiquer, mais elle s'exercera encore à la pratique, d'après les méthodes qui leur seront
prescrites par ses supérieurs et par ses maîtres
respectifs. Ces élèves pourront en même-
temps assister à leur choix aux leçons de
botanique, de matière médicale et de
chimie pharmaceutique, lorsqu'ils ne seront

pas occupés au service immédiat de l'hôpital.

Il ne sera point défendu à aucun des
étudians attachés à l'hôpital, d'assister à
toutes les leçons qui ne sont point affectées
immédiatement à leurs classes respectives ;
on les prévient seulement qu'ils seront obligés d'écouter les leçons avec la plus grande
attention, et selon la méthode et l'ordre qui
leur seront prescrits, parce que c'est préci-
sément sur ces mêmes leçons qu'ils seront
interrogés lors des examens qu'ils devront
subir.

En effet, ces jeunes élèves ne pourront
point passer de la première classe à la seconde, sans avoir subi un examen prélimi-
naire devant le président des études et le
commissaire *pro tempore*.

Pour passer de la seconde classe à la
troisième classe des jeunes chirurgiens de
*Medicheria*, on exigera d'eux un nouvel
examen que leur feront subir leurs professeurs respectifs, devant le même président
des études et le commissaire *pro tempore*,
dans la manière qui a été prescrite.

Lorsqu'il s'agira de faire passer un jeune

élève pensionnaire d'un office ou poste in-
ferieur à une place supérieure, on exigera
non-seulement dudit élève une attestation
d'assiduité donnée d'après les registres des
écoles qu'il aura fréquentées, mais il sera encore examiné par un des professeurs au choix
du commissaire, *pro tempore*, et en sa présence, et devant celle du président des études.
Cet examen aura pour but de faire connoître
les talens et les progrès de l'élève dans la
classe dont on veut le tirer. Il devra joindre
encore à ces différentes preuves de capacité, un certificat du surintendant des infirmeries, qui constatera son assiduité et sa
conduite auprès des malades, d'après les
règles établies ou les instructions particulières de ses supérieurs. Cet étudiant devra
encore produire un autre certificat signé
du computiste ou contrôleur, par lequel il
constatera qu'il n'a contracté aucune dette
avec l'hôpital, pour quel objet que ce soit,
et qu'il n'y a eu aucune plainte sur son
compte à cet égard.

On admettra audit examen tous les cinq
premiers élèves assistans, quand il s'agira
d'en élever un à la place de sous-caporal;

et cinq sous-caporaux, quand il sera question d'une place de caporal. Un pareil examen aura lieu pour tous les emplois, et roulera sur les mêmes études qui sont relatives à la place vacante. On tirera les questions d'une bourse par la voie du sort, et il faudra y répondre sur-le-champ, en présence du commissaire dont on vient de parler.

L'heure destinée pour les leçons sera depuis onze heures du matin jusqu'à midi, à la réserve de celles de botanique, de matière médicale et de pharmacie chimique, qui se feront dans l'après-dînée, depuis le mois de novembre jusqu'à la fin de février, depuis trois heures jusqu'à quatre; depuis le mois de février jusqu'au mois de mai, depuis quatre heures jusqu'à cinq; et depuis le mois de mai jusqu'à la fin de juillet, depuis six heures jusqu'à sept heures après midi.

Les jeunes étudians seront avertis de chaque leçon par le son de la cloche de l'hôpital, pour qu'il ne leur reste aucun prétexte de ne pas s'y rendre exactement. Les seuls étudians attachés au service immédiat et actuel des malades, en vertu de quelques emplois particuliers, seront les seuls dispensés d'assister à la leçon prescrite aux différentes classes. Le concierge des écoles aura le soin de se procurer, toutes les matinées des jours où il devra y avoir leçon, une note des sujets employés. Cette liste lui sera donnée par le plus jeune caporal du banc de garde; elle sera remise à chaque professeur quand il entrera dans sa classe, et celui-ci remettra au président des études, la liste de ceux qui auront manqué la leçon, sans en être légitimement empêchés par le service de l'hôpital.

Pour exciter de plus en plus l'émulation, et inviter les jeunes gens à faire des progrès dans leurs études, on fera en leur présence différentes expériences dans la bibliothèque de l'hôpital, sur différens sujets de médecine, de chirurgie, et de chimie pharmaceutique. On distribuera encore des prix : ceux-ci consisteront en trois médailles (1), ayant

______

(1) La médaille de l'hôpital, dont on voit la gravure et la copie à la tête des réglemens de cette vaste maison, représente, d'un côté, le buste du souverain, avec ces mots : *Petrus Leopoldus A. A. E. M. D. 1783;* c'est-à-dire, Pierre Léopold, archiduc d'Autriche et

d'un côté l'empreinte de la façade de l'hôpital, et de l'autre différens emblêmes analogues aux différentes facultés dans lesquelles ces médailles auront été remportées.

On donnera tous les ans trois médailles
à trois jeunes étudians, pris dans le nombre
des pensionnaires ou de ceux qui pratiquent
dans l'hôpital, et qui auront été jugés les
plus habiles et les plus intelligens, à la pluralité des voix.

## ARTICLE I.

### *Du président des études.*

Pour que les jeunes élèves de l'hôpital
de *Santa-Maria-nuova*, soit pensionnaires,

---

grand-duc de Toscane. On voit, sur le revers, la
déesse Hygie, ou la Santé, tenant un serpent, symbole de la prudence, dans la main droite, et une
coupe dans sa main gauche. Dans le fond est représentée la principale façade de l'hôpital, avec ce vers
latin :

*Fundamenta quibus nitatur summa salatis.*

C'est-à-dire : Tel est l'édifice où l'on prend soin de
défendre la santé contre les attaques de la maladie;
et dans l'exergue, ces autres mots latins : *Pauperum
commoditati*, Pour la commodité et l'avantage des
pauvres.

soit externes, puissent profiter autant qu'il sera possible des leçons de médecine, de chirurgie et de pharmacie qu'on leur donne dans cet établissement, il convient qu'il y ait à leur tête une personne éclairée et capable, qui soit spécialement chargée de les diriger dans leurs études, et de les surveiller.

Cette personne sera toujours choisie par Son Altesse Royale, sur la présentation du commissaire de l'hôpital qui sera pour lors de quartier. Cette personne aura le titre de président ou de directeur des études.

Le président des études sera chargé d'examiner en présence du commissaire *pro tempore*, tous les jeunes gens qui se présenteront pour être admis à pratiquer dans l'hôpital, ou pour y être pensionnaires pour s'y instruire, s'ils ont d'ailleurs les qualités requises; les jeunes gens qui se présenteront pour pratiquer la médecine, et sur-tout pour être admis au nombre des douze médecins attachés à l'hôpital, devront être munis d'un certificat en bonne forme, qui prouvera qu'ils ont pris le grade de docteur dans quelque université. Quant aux jeunes

étudians

étudians en chirurgie ; ils devront subir cet
examen sur la langue latine, la géométrie,
et la logique, ainsi que sur toutes les matières qui sont prescrites à l'article des
écoles en général.

Le président des études tiendra un registre des noms et surnoms des jeunes
étudians en chirurgie, et des pensionnaires
pour cette partie ; il y inscrira pareillement
les emplois qui leur auront été confiés,
et les classes respectives où ils auront été
admis dès le commencement de leurs études.
Il laissera vis-à-vis de leur nom un espace
suffisant pour y tenir note des examens et
des épreuves dans la forme ci-jointe. Le
tableau sera divisé en neuf colonnes : la
première indiquera l'époque de l'admission
de l'étudiant dans l'hôpital ; la seconde
colonne contiendra le nom et le surnom de
cet élève ; la troisième, le nom de sa patrie ;
la quatrième, les époques des examens, avec
les sujets qu'on y a traités, et les résultats,
ce qui obligera à sous-diviser cette colonne
en deux petites colonnes ; la cinquième
colonne renfermera les époques du passage
de l'étudiant à une classe supérieure et à

un emploi supérieur dans l'hôpital, ce qui obligera encore à disposer cette même colonne en deux autres : la sixième colonne renfermera les années ; la septième colonne, sera réservée pour tenir note des fautes et des absences ; la huitième, pour les époques des prix remportés par l'élève ; enfin la neuvième colonne sera pour tenir note des dates de son départ de l'hôpital.

Le président des études tiendra toujours exposés au public les registres des leçons qui se donneront réellement tous les jours par les différens professeurs ; il y assistera même quelquefois en personne, et s'informera du *custode* ou concierge des salles d'étude, non-seulement des leçons que l'on donne ou que l'on aura négligé de donner, mais encore du nom des jeunes gens qui auroient manqué d'y assister. Le président des études aura également le soin d'interroger chaque professeur sur les progrès de chacun de ses élèves, et d'exiger de ces mêmes professeurs, à la fin de chaque année scholastique, la liste des élèves qui auront été obligés de suivre leurs leçons, avec la note de leurs capacités respectives rangées par ordre de mérite, en commençant par le plus capable.

Lorsqu'il se commettra quelques fautes, le directeur ou président des études tâchera, par ses sages avis, de faire rentrer dans son devoir celui à qui elles seront échappées : si ces représentations ne suffisent point, il prendra une note de la faute, et l'enregistrera vis-à-vis du nom du délinquant, pour en rendre compte au commissaire *pro tempore*, lorsqu'il sera question de quelques promotions ou du passage d'une classe dans une autre, ou du passage d'un emploi subalterne à un emploi supérieur.

Au commencement de chaque année scholastique, le président des études préparera différentes questions ou divers problêmes sur les différentes sciences que l'on enseigne dans l'hôpital de *Sainte-Marie-nouvelle*, pour les communiquer aux divers professeurs; il se concertera avec eux, pour voir si ces problêmes rentrent dans leurs leçons, et si ils sont, dans chaque classe respective, plus ou moins à la portée des élèves qu'ils seront chargés d'examiner.

Le président des études renfermera les-dites questions ou problêmes déja concertés et convenus, dans la forme prescrite ci-devant, dans autant de bourses qu'il y aura de facultés et de matières sur lesquelles devra rouler l'examen. Ces questions ou problêmes seront tirés successivement au hasard par le commissaire *pro tempore*, qui les lira chacun à haute voix: ces problêmes seront écrits et remis à l'examinateur que cet objet regarde.

Le président ou directeur des études conviendra avec le commissaire de l'hôpital qui sera de service *pro tempore*, des jours et des heures des examens et des épreuves. Les jeunes étudians seront toujours examinés dans la bibliothèque de l'hôpital, et le président des études avertira par billets tous les professeurs qui devront assister auxdits examens.

Le président des études y assistera lui-même, et marquera sur son registre, vis-à-vis le nom de l'élève que l'on interroge, le sujet sur lequel il a été examiné, et la manière dont il a répondu. Cette opération se fera sous les yeux des professeurs qui auront été présens à l'examen et d'après leurs vœux.

Indépendamment des questions et des problêmes que l'on donnera à résoudre dans les examens particuliers des jeunes étudians , lorsqu'ils seront dans le cas de passer d'une classe ou d'un emploi subalterne à une classe ou à un emploi supérieur, le président des études concertera avec les professeurs respectifs, au commencement de chaque année scholastique , les sujets de dissertations à faire, les problêmes qu'il y aura à résoudre dans le cours de l'année par les jeunes médecins qui pratiquent ou qui sont pensionnaires dans l'hôpital, dans les trois facultés de médecine, de chirurgie et de chimie pharmaceutique : il fera inscrire sur un tableau qui sera placé à cet effet dans la bibliothèque de l'hôpital, les trois sujets ou les trois questions à résoudre dans lesdites facultés, avec les prix qui seront donnés à ceux qui en donneront la meilleure solution.

. Le directeur ou président des études touchera tous les mois des honoraires fixes, pour ses soins et ses bons services, sans

qu'il puisse prétendre à aucune gratification ni à aucun autre émolument.

## ARTICLE II.

### *Du lecteur ou professeur de médecine-pratique*

Les leçons de médecine-pratique auront
pour but d'initier les jeunes médecins pratiquans dans l'exercice de leur profession,
et à perfectionner les médecins assistans
de l'hôpital dans la manière d'observer et
de suivre les maladies, dans la connoissance de leurs différences, selon les diverses
saisons, et enfin à les mettre en état d'appliquer les théories aux observations qu'ils
auront été dans le cas de faire.

C'est pour cette raison que l'on enseignera la médecine-pratique au pied du lit
du malade, ainsi que dans la chaire, dans
toutes les saisons de l'année. Le surintendant des infirmeries assignera au professeur
de médecine pratique dix lits (1) dans

_______________

(1) On profite de cette circonstance, pour faire connoître une addition que l'on vient de faire aux lits de

l'infirmerie des hommes, et dix lits dans celle des femmes, et dans des quartiers convenables pour ses leçons. Les infirmiers indiqueront encore au professeur les dif-

---

sangle, et qui les rend propres à des blessés dangereusement, qu'on ne peut et qu'on ne doit approcher qu'avec beaucoup de précaution.

Contre chacun des longs côtés de ces lits, on attache, avec des pentures ou charnières de fer, des planches aussi longues que le lit, et aussi larges que les matelas et un homme étendu dessus, et recouvert avec des couvertures, peuvent avoir de hauteur.

Chacune de ces planches a trois ouvertures près de son bord, et par lesquels on peut passer une forte courroie ou une forte sangle.

Le malade étant placé dans le lit, on relève les deux planches dont on vient de parler. Celles-ci embrassent pour lors les matelas et le malade, comme les côtés d'une espèce de caisse pourroient le faire.

Le dossier, qui est aussi embrassé par le bout de ces planches, empêche que celles-ci ne se rabattent trop sur les matelas, et ne compriment le malade.

On finit par assujettir ces planches, en les laçant avec une forte courroie. Celle-ci empêche que rien ne puisse comprimer le blessé.

De pareils lits peuvent encore servir à empêcher que des personnes qui délirent, ou des enfans extrêmement vifs, ne viennent à tomber de leur lit en s'agitant pendant la nuit.

Les côtés du lit contre lesquels sont suspendues ces planches, doivent être tels que, lorsqu'ils sont pliés,

férentes maladies qui leur paroîtront les plus graves et les plus difficiles à guérir, pour qu'il veuille bien visiter à plusieurs reprises ceux ou celles qui en sont affligés, et les traiter de préférence pour l'instruction de ses élèves : ceux-ci devront pour lors accompagner exactement le professeur dans de pareilles visites. Dans cette circonstance, le professeur leur démontrera et leur fera remarquer les symptômes et les périodes

---

les planches ne soient point embarrassantes pour trop s'écarter. Ces côtés auront pour cela la forme d'un long prisme exagone.

On pourroit encore assigner à chaque lit de malades privés de l'usage de leurs jambes, un instrument pareil à celui qui est représenté dans la planche III.

On fait entrer dans le canon A l'extrémité d'un bâton, et on la fixe au moyen de la vis de pression B. Le malade veut-il prendre un mouchoir ou un autre objet léger qui est éloigné de lui, il en approche son *bec-de-canne*, que le ressort C tient constamment ouvert, et le saisit en tirant le cordon D, au bout duquel est un simple anneau dans lequel passe son doigt. Veut-on employer cet instrument à herboriser sans se baisser, on dévisse la partie E, et après avoir ôté le bâton du canon A, on y supplée par le bec-de-canne, que l'on visse par dedans. Le cordon se dévide ensuite autour du canon, et le tout n'occupe plus que le médiocre volume d'un étui ordinaire. ( *Note du traducteur.* )

de ces maladies graves. Il leur enseignera
par ses exemples à interroger le malade,
et leur indiquera les éclaircissemens essentiels qu'on doit d'abord en tirer, ou de ceux
qui l'assistent ; par ce moyen, il connoîtra
beaucoup mieux la nature de ces maladies,
et les accidens qui peuvent arriver pendant
leurs cours, et se procurera l'indication
la plus exacte à remplir. Le professeur interrogera ensuite ses élèves sur l'idée qu'il
se seroient formés de prime-abord d'une
pareille maladie, et sur la méthode qu'ils
auroient employée pour la guérir.

On fixera deux mois dans chaque saison
pour de pareilles leçons, savoir, janvier et
février, avril et mai, juillet et août, octobre et novembre.

Pendant ces mêmes mois, à la réserve
des mois d'août et octobre, le même professeur de médecine chimique dictera et
expliquera ses leçons en chaire le jeudi de
chaque semaine, depuis dix heures du
matin jusqu'à onze heures, pour pouvoir
faire l'application des théories aux observations qui ont déja été faites : c'est ainsi
qu'en passant en revue toutes les maladies

on pourra donner un cours complet de médecine-pratique. Ce cours devra être achevé
dans l'espace de deux ans.

La salle voisine de l'amphithéâtre pour
l'anatomie, sera le lieu où se donneront ces
différentes leçons.

Le professeur de médecine-pratique sera
encore obligé de venir et d'assister à tous
les examens que l'on fera subir à chaque
élève, soit pour les cas ordinaires, soit
pour les cas extraordinaires, aussitôt qu'il
en aura reçu l'avis particulier par celui qui
aura le droit de le lui donner.

Le même professeur remettra à la fin de
chaque année scholastique, la liste de tous
ses élèves, avec une note de la capacité
de chacun d'entre eux, par ordre de mérite,
en commençant toujours par celui qui a
montré le plus de talens et d'application,
et réservant la dernière place à l'élève qui
sera le moins capable.

A la première réquisition du président
des études, le professeur de médecine-pratique sera obligé de fournir les questions
pour les examens des jeunes élèves, de même
que les problêmes et les sujets des expé-

riences, et les programes pour les dissertations qui feront l'objet des prix.

Le même professeur de médecine-pratique sera encore tenu d'examiner lesdites
dissertations, pour en donner son opinion,
ou par écrit, ou de toute autre manière,
selon l'ordre qui leur en sera donné par le
commissaire de l'hôpital *pro tempore*.

Le professeur de médecine-pratique recevra de la caisse de l'hôpital, des appointemens fixes, sans pouvoir prétendre à
aucune gratification, ni à aucun autre émolument.

## ARTICLE III.

### *Du professeur d'anatomie.*

Le professeur d'anatomie sera obligé de
donner ses leçons deux fois par semaine,
depuis onze heures jusqu'à midi, tous les
lundis et les jeudis dans la matinée, depuis
le mois de novembre jusqu'au mois de juin.

Il donnera l'histoire précise de toutes les
parties qui composent le corps humain,
selon le système qu'il croit le meilleur et

le plus avantageux pour ses élèves. Il leur expliquera en même-temps les auteurs qui ont augmenté les connoissances anatomiques. Le professeur dictera ses leçons, les expliquera, et en fera l'application pour la plus grande instruction et la plus grande utilité de ses élèves.

Il leur indiquera la manière la plus facile de préparer dans leur particulier les matières qu'il doit traiter successivement dans son école, ainsi que les sujets anatomiques dont il aura besoin.

Le professeur d'anatomie donnera d'avance au dissecteur, la note par écrit de toutes les préparations anatomiques qui lui seront nécessaires pour chacune de ses leçons, et cette note sera toujours accompagnée d'un billet signé de sa main, pour que le dissecteur puisse ordonner ce qu'il convient de faire, à ceux que ces opérations regardent.

Le cours d'anatomie devra être terminé dans deux ans.

Le professeur d'anatomie sera non-seulement obligé d'assister aux examens des jeunes étudians, mais encore de les aider

de ses avis et de ses conseils dans les examens particuliers, comme dans les démonstrations publiques, toutes et quantes fois qu'il
lui en sera donné l'ordre par le président des
études, ou par le commissaire *pro tempore*.

A la fin de chaque année scholastique,
le professeur d'anatomie remettra au directeur des études la liste de tous ses élèves,
avec la note de leurs progrès respectifs,
rangés par ordre de mérite, en commençant toujours par le plus capable, et venant enfin jusqu'au moins habile, à qui la
dernière place sera réservée.

A la première requisition du président
des études, le professeur d'anatomie sera
obligé de fournir les questions pour les examens des jeunes étudians, ainsi que les problêmes à résoudre, et les dissertations qui
doivent être l'objet des prix. Or ces sujets
seront toujours pris dans la classe des matières qui sont relatives à l'anatomie.

Ledit professeur sera encore obligé d'examiner lesdites dissertations, pour en donner son avis par écrit, ou d'une autre manière, selon l'invitation qui lui en aura été
faite par le commissaire *pro tempore*.

Le professeur d'anatomie sera payé tous les mois à la caisse de l'hôpital, de ses honoraires, sans qu'il puisse prétendre à aucune gratification ou à aucune autre émolumeut.

## ARTICLE IV.

### *Du dissecteur.*

Il sera adjoint à l'école d'anatomie un dissecteur, ou anatomiste de profession, choisi par son Altesse Royale : celui-ci aura en sa disposition tous les cadavres de l'hôpital de *Santa-Maria-nuova*. Il fournira à chaque jeune étudiant les sujets dont il aura besoin, quand il sera requis de faire quelque préparation pour les lecteurs ou professeurs qui pratiqueront la médecine ou la chirurgie dans l'hôpital. Ces sujets ne seront délivrés que sur un billet signé par ces derniers.

Dans le cas de la pluralité des demandes pour le même cadavre, par les professeurs, les médecins et les chirurgiens en exercice, le dissecteur fera ensorte que les uns et les autres soient également satisfaits, et les

invitera à convenir amicalement entre eux
de se servir du sujet dont ils ont besoin,
à des heures différentes. Dans le cas où il
ne pourroit pas les concilier, il préférera
toujours le professeur d'anatomie au médecin qui pratique, lorsque le cadavre sera
nécessaire pour la leçon qui doit se faire,
ou qui est déja commencée.

Le dissecteur aura la garde de la salle
pour les dissections, et celle de tous les
ustensiles et instrumens qui sont nécessaires
pour cet objet; il travaillera lui-même aux
préparations anatomiques, de même que
les jeunes étudians; il les dirigera dáns l'art
de disséquer les cadávres, et ses leçons seront toujours données gratuitement.

Le dissecteur veillera à ce que les étudians
ou toute autre personne qui auroit obtenu
l'entrée dans ladite salle, ne parle et ne
manque à la décence convenable et à la
propreté, spécialement par rapport aux
cadavres; il aura encore le plus grand soin
de ne laisser entrer dans cette salle que
ceux qui en ont le droit, ou comme élèves
de l'hôpital, ou comme autorisés par une
permission expresse du supérieur.

Lorsque, pour remplir les devoirs de sa place, le dissecteur aura besoin de feu, de drogués ou de quelque instrument, il en fera la demande par écrit au maître-d'hôtel ou contrôleur de l'hôpital, et non point à d'autres personnes: celui-ci donnera pour lors les ordres nécessaires, ou fera faire les dispositions convenables pour remplir les vues du dissecteur.

Le dissecteur ne pourra fournir des cadavres, ni en totalité, ni en partie, à aucun étranger, si ce n'est aux gardes du cabinet royal d'histoire naturelle. Dans ce dernier cas, il aura soin que le transport de ces cadavres se fasse à des heures convenables, ou sur le soir, ou de très-grand matin, avec la décence nécessaire et l'attention requise pour que personne ne puisse apercevoir ni se douter de la nature de l'objet qu'on transporte.

Le dissecteur s'abstiendra de faire des macérations soit dans l'enceinte, soit dans les chambres, dans les jardins ou dans les cours de l'hôpital. Dans cette circonstance il se servira du *Camps-santo* ou cimetière de *Pinti*, pour éloigner toute mauvaise

odeur

odeur et toute cause qui pourroit corrompre l'air de l'hôpital et des environs.

Le dissecteur sera payé tous les mois par la caisse de l'hôpital ; ses appointemens seront fixés, et il ne pourra prétendre à aucun autre émolument ni gratification.

## ARTICLE V.

### *Des jeunes gens attachés à la salle de dissection.*

Les jeunes étudians qui auront le droit de disséquer, seront toujours les jeunes caporaux, les sous-caporaux et le sous-infirmier des hommes : ceux-ci se présenteront au dissecteur ou anatomiste praticien, avec la permission par écrit du président des études, d'assister à ses leçons. Pendant tout le temps qu'ils seront dans la salle de dissection, ces élèves seront soumis au dissecteur, qui, dans le cas de quelques fautes ou de quelques omissions, aura soin de les reprendre, et de donner avis de leur conduite au président des études et au commissaire *pro tempore*.

R

Tous les jeunes étudians qui auront été admis dans la salle des dissections, seront tenus d'assister à toutes les espèces de travaux ordinaires ou extraordinaires qui regarderont le dissecteur ou l'anatomiste en chef. On en exceptera cependant ceux qui seroient de garde pour le service de l'hôpital, ou chargés de quelques commissions particulières ; par exemple, de suivre les maîtres chirurgiens qui pratiquent avec les élèves de *Medicheria*, ou de porter le livre des ordonnances des médecins pendant les visites.

## ARTICLE VI.

*Du professeur des institutions chirurgicales.*

Les institutions chirurgicales seront l'objet d'une chaire particulière, absolument nécessaire et indispensable pour tous les jeunes étudians en chirurgie, dès le premier instant qu'ils auront été admis à travailler dans l'hôpital.

Le professeur dictera et donnera lui-même ses leçons dans la nouvelle école publique

de l'hôpital, tous les mardis de chaque semaine, depuis onze heures jusquà midi,
depuis le mois de novembre jusqu'au mois
d'août, à la réserve des jours de fête d'exprès commandement, et de quelques jours
que le commissaire *pro tempore* pourra indiquer.

Le cours complet d'institutions chirurgicales devra se faire dans deux ans, d'après
la méthode suivante.

On traitera premièrement de la *physiologie*, c'est-à-dire de la connoissance de
l'état naturel de l'homme vivant, autant
qu'elle est nécessaire au chirurgien pour
qu'il puisse savoir jusqu'à quel point peuvent s'étendre les forces vitales, et en quoi
consiste la santé, afin de connoître, par
ce moyen, ce qui en constitue la privation
ou la maladie.

Le professeur traitera secondement de la
*pathologie* chirurgicale, c'est-à-dire des
maladies du corps humain qui ont besoin
de secours extérieurs et manuels, pour
avoir un jour la facilité de bien distinguer
la nature et les signes de ces maladies.

Le professeur traitera enfin la *thérapeu-*

*tique*, c'est-à-dire, de cette partie de la chirurgie qui enseigne les moyens de guérir les maladies chirurgicales qui sont curables par leur nature, et de mitiger les symptômes ou les effets de celles qui ne le sont pas.

Ces matières ayant été ainsi divisées, seront traitées indispensablement dans toute leur étendue dans les différentes leçons du professeur. Il les expliquera avec toute la méthode, la simplicité, la précision et la clarté possible.

Le professeur interrogera, à son choix, tel ou tel de ses élèves, tantôt l'un et tantôt l'autre, pour s'assurer s'il a bien compris ce qu'il vient d'expliquer ou de proposer.

Indépendamment des leçons qu'il donnera d'après cette méthode dans l'école publique, il ne sera point dispensé pour cela de donner des leçons particulières aux jeunes élèves, et de leur indiquer les moyens de bien étudier les matières qu'il traite dans les meilleurs auteurs. Ce professeur résoudra en même-temps avec patience leurs difficultés, et leur donnera tous les conseils et toutes les lumières dont ils ont besoin pour faire les plus grands progrès dans la science qui doit faire un jour la base de leur profession.

Le professeur des institutions chirurgicales viendra et assistera aux examens et aux épreuves publiques et particulières auxquelles on soumettra les jeunes étudians ordinairement ou extraordinairement, d'après l'avis du président des études.

Le professeur remettra à la fin de chaque année scholastique la liste des élèves qui lui auront été confiés , avec la note de leurs capacités respectives, rangées par ordre de mérite , en commençant toujours par le plus digne, et venant ensuite au moins capable, à qui la dernière place sera réservée.

A la première réquisition du président des études, le professeur des institutions chirurgicales devra fournir les questions pour l'examen des jeunes élèves, de même que les problêmes et les sujets des expériences et des dissertations qui doivent concourir pour les prix : ces sujets seront toujours relatifs aux matières qu'il est chargé d'enseigner.

Ce même professeur sera pareillement

obligé d'examiner lesdites dissertations, pour en donner son avis, ou par écrit, ou de toute autre manière que le commissaire *pro tempore* jugera à propos de lui indiquer.

Il aura des appointemens fixes, qui lui seront payés tous les mois à la caisse de l'hôpital, sans qu'il puisse prétendre à aucune gratification ni à aucun autre émolument.

## A R T I C L E   V I I.

### *Des professeurs des cas de pratique.*

Après que les jeunes étudians auront acquis la connoissance du corps humain vivant et dans l'état de santé, et celle de la nature, des causes, des symptômes et des indications des maladies curables, par les secours de la chirurgie considérée en général, ils passeront à l'étude des traités de chaque maladie en particulier, ce qui formera l'objet de la chaire pour les cas de pratique.

Le professeur pour cette partie donnera

ses leçons tous les mercredis de chaque semaine, depuis onze heures jusqu'à midi, dans l'école de l'hôpital, depuis le mois de de novembre jusqu'au mois d'août.

Le professeur réduira tous les cas de pratique à cinq chefs principaux, savoir, les tumeurs, les blessures, les plaies, les fractures et les luxations : il traitera méthodiquement chacun de ces objets ; il fera entrer dans l'instruction de ses élèves la description de tous les cas cohérens avec les différens accidens ou maladies dont on vient de parler. Il les accoutumera par ce moyen, à suivre la méthode qui convient à la cure de chacune de ces maladies.

Le professeur devra dicter et expliquer les traités qu'il se propose de donner successivement à ses élèves sur les différentes maladies chirurgicales dont on vient de faire mention. Il les interrogera comme il convient, et leur fera répéter méthodiquement les leçons qu'il leur aura données, et s'assurera par ce moyen de leurs progrès, et verra s'ils ont bien compris tout ce qu'il leur aura enseigné.

Indépendamment des leçons ordinaires

et publiques, le professeur des cas de pratique sera encore obligé d'assister aux examens que subiront les étudians, et dans tous les cas, il sera tenu de leur donner les avis et les conseils dont ils ont besoin pour leur plus grand avantage.

A la fin de chaque année scholastique, le professeur remettra au président des études la liste de tous les élèves qui lui auront été confiés, avec la note de leurs capacités respectives par ordre de mérite, en commençant toujours par le plus capable, et réservant toujours la dernière place à celui qui a le moins de talens.

A la première requisition du président des études, il devra fournir les questions pour les examens des jeunes étudians, de même que les problêmes et les sujets des expériences et des dissertations qui seront l'objet des prix, et ce professeur les choisira toujours dans les matières qui sont du ressort de sa chaire. Ce même professeur sera également obligé d'examiner lesdites dissertations, pour pouvoir donner le jugement qu'il en porte, soit par écrit, soit de toute autre manière que le commissaire

*( 265 )*

*pro tempore* jugera à propos de lui indiquer.

Il lui sera payé tous les mois par la
caisse de l'hôpital une partie de ses honoraires pour toute l'année, sans qu'il puisse
prétendre à aucune autre rétribution.

## ARTICLE VIII.

*Du professeur des opérations chirurgicales
sur le cadavre.*

- Lorsque les jeunes étudians auront acquis des connoissances générales et particulières sur toutes les maladies et sur la
manière de les traiter, il conviendra qu'ils
s'exercent à faire les opérations qui cons-
tituent la chirurgie manuelle et pratique.

Le lecteur ou démonstrateur des opérations chirurgicales donnera ses leçons de
théorie dans la chaire, et dans la salle ordinaire, et fera toutes ses démonstrations
dans l'amphithéâtre les vendredis de chaque
semaine depuis onze heures jusqu'à midi,
depuis le mois de novembre jusqu'à la fin
de juillet.

Il donnera son cours complet d'opérations dans l'espace de deux ans.

Ce professeur démontrera sur le cadavre la vérité de tout ce qu'il aura enseigné dans la chaire ; il instruira et exercera les jeunes étudians à faire sur le cadavre les diffé-rentes opérations chirurgicales , comme il conviendroit qu'elles fûssent faites sur le corps humain vivant , si les circonstances l'exigeoient.

Dans le cas où le démonstrateur , en sa qualité de premier chirurgien de l'hôpital , seroit obligé de faire quelque grande opéra-tion , il aura l'attention d'en avertir tous ses élèves , et de la leur faire exécuter sur le cadavre , pour qu'ils puissent sentir plus facilement la différence qu'il y a entre les opérations qui se font sur le corps vivant et celles qui se font sur le cadavre.

Ce professeur devra assister pareillement aux examens et aux épreuves auxquelles on soumettra les jeunes étudians , toutes et quantes fois il en sera averti par le supérieur que ce soin regarde.

A la fin de chaque année scholastique , ce professeur remettra au président des études la liste des élèves qui lui auront été confiés , avec la note de leurs capacités respectives, par ordre de mérite, en commençant toujours par celui qui a le plus de talens, et finissant par le moins capable.

A la première requisition du président des études, le professeur ou démonstrateur des opérations sur le cadavre devra fournir les questions pour l'examen des jeunes élèves, de même que les problêmes et les sujets des expériences et des dissertations qui doivent concourir pour les prix ; ces sujets seront toujours relatifs aux matières que ce professeur est chargé d'enseigner.

Ce même lecteur sera pareillement obligé d'examiner lesdites dissertations, pour en dire son avis, soit par écrit ou de toute autre manière qui lui sera indiquée par le commissaire *pro tempore*.

Il aura des appointemens fixes, qui lui seront payés tous les mois, sans qu'il puisse prétendre à aucun autre émolument et à aucune espèce de gratification.

## ARTICLE IX.

*Du professeur de l'art des accouchemens.*

Il y aura dans l'hôpital *Santa-Maria-nuova* une chaire particulière pour ce genre d'opérations également difficiles et variées, et qui se présentent communément pendant la grossesse des femmes, lors de leur accouchement et après qu'elles sont accouchées nouvellement. Ce corps complet d'opérations, qui intéresse si particulièrement l'humanité relativement aux femmes, est ordinairement connu sous la dénomination de *cours d'accouchemens*, et en italien sous le nom d'*ostestricia*.

Le professeur désigné pour cette partie devra enseigner, chaque année, aux jeunes élèves de l'hôpital, la théorie et la pratique de cet art dans l'école publique, et dans l'amphithéâtre lorsque le cas l'exigera, depuis onze heures jusqu'à midi, tous les samedis de chaque semaine, depuis le mois de novembre jusqu'à la fin du mois de juillet. Il dictera et expliquera clairement tous les préceptes qu'il aura donnés.

Toutes et quantes fois ce professeur aura besoin de cadavres, il les demandera au dissecteur ou anatomiste en titre, par un billet signé de sa main. Mais cette demande ne pourra avoir lieu que dans les temps et les saisons convenables.

Le professeur du cours d'accouchemens sera en même-temps obligé de donner ses soins aux femmes enceintes malades ou, prêtes à accoucher, et qui seront pour cela dans la chambre de Saint-Philippe : il leur fera les opérations nécessaires, et instruira de tous les détails qui y sont relatifs, les étudians de *Medicheria*, c'est-à-dire les élèves qui ont obtenu, par leurs talens et leur bonne conduite, la permission de pratiquer dans l'hôpital.

Dans le cas où quelques-unes de ces femmes en couche viendroit à mourir, le professeur devra faire l'ouverture de leurs cadavres, et démontrer aux jeunes gens l'état de l'*uterus* et des parties voisines sur ces sujets.

Le même professeur sera encore chargé d'enseigner et d'expliquer l'art des accouchemens aux sages-femmes et aux autres.

personnes du sexe qui veulent embrasser la même profession ; il leur prescrira la conduite qu'elles doivent tenir dans les accouchemens laborieux et autres cas difficiles, selon les circonstances.

Le cours d'accouchement pour les sage-femmes sera d'une année scholastique entière, qui commencera au mois de novembre et finira au mois d'août. Ces leçons se donneront deux fois par semaine, à une heure fixée par le commissaire *pro tempore*, qui sera compatible avec les autres leçons et le service particulier de l'hôpital.

A la fin de chaque année scholastique, le professeur remettra au président des études la liste de tous les élèves qui lui auront été confiés, avec la note de leurs capacités respectives, selon l'ordre de leur mérite, en commençant toujours par le plus habile, et en finissant par celui qui a montré le moins de talens.

A la première requisition du président des études, il devra fournir les questions pour les examens des jeunes étudians, ainsi que les problêmes et les sujets des expériences et des dissertations qui doivent concourir pour les prix. Ces sujets doivent être toujours tirés de la science que ledit professeur a été chargé d'enseiguer.

Il sera encore obligé d'examiner lesdites dissertations, pour en donner son avis, ou par écrit, ou de toute autre manière qui lui sera indiquée par le commissaire *pro tempore*.

Le professeur du cours d'accouchemens aura des appointemens qui lui seront payés tons les mois par la caisse de l'hôpital, et il ne pourra prétendre à aucune gratification ni à aucune autre espèce d'émolument.

## ARTICLE X.

*Du professeur de chimie pharmaceutique.*

Le professeur de chimie pharmaceutique donnera ses leçons publiques dans l'école ordinaire de l'hôpital, et fera ses démonstrations et les expériences qui y sont relatives, dans la salle de l'apothicairerie, connue sous le nom de *Museum*, et dans le laboratoire de chimie, pendant deux jours de la semaine, savoir, tous les mardis et les vendredis à trois heures après-midi, depuis le mois de novembre jusqu'à la fin de février, et successivement à trois heures et demie dans les mois de mars et d'avril, et enfin à cinq heures et à cinq heures et demie dans les mois suivans, c'est-à-dire depuis le mois de mai jusqu'à la fin de juillet.

Ce professeur traitera des substances simples et médicinales, indiquera les pays d'où elles viennent, la manière de se les procurer, et de la préparation à laquelle il faut les soumettre pour les conserver et pour les employer dans la pharmacie, dans les arts et dans les manufactures. Le professeur n'entrera cependant dans ces derniers détails que lorsque l'occasion s'en présentera, et ne les regardera jamais que comme purement accessoires ; il aura soin de ne jamais confondre les qualités médicales des différentes substances avec leurs autres propriétés, parce que ce dernier objet regarde spécialement la botanique et l'histoire naturelle, sciences qui seront l'objet d'une chaire particulière.

Ce

Ce professeur traitera ensuite des opérarations pharmaceutiques , selon le rapport qu'elles ont avec les opérations chimiques, et il les divisera de la manière suivante : il traitera les substances ,

1°. Par solution de continuité et de mélange ;

2°. Par juxtaposition ;

3°. Par combinaison et véritable composition ;

4°. Par décomposition.

Toutes ces différentes opérations seront le sujet d'autant d'expériences.

Il pourra se servir pour cet effet du laboratoire de chimie, lorsque ses opérations ne pourront pas se faire dans celui de la pharmacie. Ce professeur aura l'attention de s'abstenir d'un luxe inutile , et d'employer des doses trop fortes pour ses opérations , et il choisira enfin des heures commodes pour ne point distraire les officiers de la maison du service général de l'hôpital.

Pour que les jeunes étudians puissent retirer les plus grands avantages de pareilles leçons, le professeur de chimie pharma

S

ceutique ne négligera point de leur dicter et de leur expliquer, et de soumettre à l'expérience tout ce qu'il leur aura enseigné auparavant.

A la fin de chaque année scholastique, il remettra au président des études la liste de tous les élèves qui lui auront été confiés, avec la note de leurs capacités respectives selon l'ordre de mérite, en commençant toujours par le plus habile, et finissant par celui qui a montré le moins de talens.

A la première requisition du président des études, le professeur de chimie pharmaceutique devra fournir les questions pour les examens des jeunes étudians, de même que les problêmes et les sujets des expériences et des dissertations qui doivent concourir pour les prix. Ces sujets doivent toujours être tirés de la science que ledit professeur est chargé d'enseigner. Il sera encore obligé d'examiner ces différentes dissertations, pour donner le jugement qu'il en porte, soit par écrit, soit par tout autre moyen qui lui sera indiqué par le commissaire *pro tempore.*

Le professeur de chimie pharmaceutique aura des appointemens fixes, dont une partie lui sera payée tous les mois par la caisse de l'hôpital, et il ne pourra plus prétendre à aucune gratification ni à aucun autre émolument.

## ARTICLE XI.

*Du professeur de botanique et de matière médicale.*

Le professeur de botanique et de matière médicale dictera et exposera son systême, et démontrera les plantes fraîches, et sur-tout lés plantes officinales, à tous les élèves de médecine, de chirurgie et de pharmacie.

Il donnera son cours dans l'espace de deux ans, et ce professeur donnera ses leçons dans l'après-dînée de tous les jours de la semaine, pendant les mois de mai, de juin et de juillet, à six heures, comme à l'heure la plus commode pour examiner les plantes : on en exceptera cependant les mardis et les vendredis, de même que les jours de fête de précepte.

· Ces leçons se feront dans cette salle de l'hôpital qui est contiguë au nouveau jardin botanique , et dont le professeur de botanique et de matière médicale aura la direction et la surintendance.

Ce professeur aura par conséquent le soin de pourvoir le jardin de graines et de tout ce qui sera nécessaire pour sa culture et pour son entretien ; il entretiendra une correspondance avec tous les professeurs de botanique étrangèrs, pour que l'instruction de ses élèves soit la plus complète qu'il sera possible ; il prendra cependant l'avis du commissaire *pro tempore* pour les dépenses qu'il jugera nécessaires , et celles-ci lui seront payées par la caisse de l'hôpital , d'après le bon ou *visa* dudit commissaire.

Pendant les mois de novembre et suivans, jusqu'à la fin d'avril, ce professeur ne fera qu'une seule leçon dans la semaine, l'après-dînée du mercredi, et à une heure convenable qui sera fixée par le commissaire *pro tempore*. Il démontrera dans cet intervalle les plantes sèches et les différentes productions des trois règnes de la nature qui pourront être de quelque usage dans la médecine.

Cette leçon se donnera dans la première salle de l'apothicairerie, et qui se nomme le *Musœum*; on y verra toutes les substances exposées et préparées dont le professeur aura besoin pour le moment.

Ce même professeur aura une suite ou collection de graines dans un petit cabinet voisin, et les conservera dans des tiroirs; à cet effet ces tiroirs seront numérotés, et les graines qu'ils contiendront seront indiquées par leur nomenclature particulière.

Le professeur de botanique sera obligé d'ordonner la semaille des graines dans les temps convenables, et de faire mettre les plantes dans des vases, selon l'ordre reçu, et d'après le système qu'il aura adopté. Ce professeur aura encore soin que l'on mette sur chaque vase des étiquettes sur lesquelles on verra le nom de la plante en langue latine et en langue vulgaire, selon l'usage reçu dans toutes les écoles.

Il veillera encore à la culture et à la conservation des plantes, selon leur nature, et continuera à les surveiller lorsque, pour ses leçons et selon l'exigence des cas et de la nature de ces végétaux, ils auront été mis dans des serres chaudes.

Le professeur de botanique indiquera au concierge ou custode du jardin le temps où il faudra allumer les poêles qui sont dans les serres, et lui indiquera le degré de chaleur qu'il conviendra d'entretenir dans ces dernières, selon les différentes saisons et les différentes espèces de plantes qui y sont déposées. Il empêchera qu'il ne se glisse aucun abus dans cette manutention, et recommandera sur-tout la plus grande vigilance et la plus grande économie.

Le professeur de botanique fera dessécher, dans les temps convenables, les plantes qu'il jugera à propos de conserver dans les herbiers, soit pour avoir une suite complète de tous ces végétaux, soit pour l'instruction particulière des jeunes étudians.

Il donnera au commissaire *pro tempore* ou au maître-d'hôtel, une note signée de sa main de tous les fumiers, engrais, ustensiles, instrumens du jardinage et des façons qu'il croira absolument nécessaires pour le jardin, pour en obtenir les ordres nécessaires pour se procurer ces différentes choses.

Le professeur de botanique dirigera le custode ou concierge dans les façons qu'il faudra donner au jardin, et lui indiquera les heures où il pourra laisser entrer les étrangers, de même que les jeunes gens honnêtes ; il surveillera en même-temps sa fidélité et son intelligence.

Le même professeur sera encore chargé de veiller à ce que les autres jardins de l'hôpital soient fournis de toutes les plantes officinales dont on a continuellement besoin dans une apothicairerie, telle que celle d'un grand hôpital.

Il tiendra toujours un catalogue ou liste raisonnée de toutes les plantes, avec leur nomenclature et leur histoire respective.

Le professeur sera toujours responsable vis-à-vis ses supérieurs, de toutes les plantes en général et en particulier qui seront sur la liste dont on vient de parler, et ne pourra jamais vendre, ni prêter, ni même échanger aucune d'entre elles, sans leur consentement, ces plantes fussent-elles doubles dans le jardin.

« Il recevra du garde-meuble, sur sa re-connoissance, tous les ustensiles nécessaires à la culture et à l'entretien du jardin bota-nique, et il sera tenu d'en rendre compte au bout de l'année ; ou toutes les fois que les supérieurs le jugeront à propos.

A la fin de chaque année scholastique, ce professeur remettra au président des études la liste de tous les étudians qui lui ont été confiés, avec la note de leurs capacités respectives, selon l'ordre de leur mérite, en commençant toujours par le plus habile, et en finissant par celui qui aura montré le moins de talens.

A la première requisition du président des études, il devra fournir les questions pour les examens des jeunes étudians, de même que les problêmes et les sujets des expériences et des dissertations qui doivent concourir pour les prix ; ces sujets seront toujours tirés de la science que ledit pro-fesseur aura été chargé d'enseigner.

Ce professeur sera encore obligé d'exa-miner ces dissertations, pour en donner son avis, où par écrit, ou de toute autre ma-nière qui lui sera indiquée par le commis-saire *pro tempore.*

Il aura des appointemens fixes qui lui seront payés par la caisse de l'hôpital, sans qu'il puisse prétendre à aucun autre émolument ni à aucune gratification.

## ARTICLE XII.

*Du Custode ou Concierge du jardin botanique.*

Il y aura un concierge ou custode pour le jardin botanique, qui sera choisi par le commissaire *pro tempore.*

Ce custode sera chargé, sous l'inspection du directeur du jardin, de la culture, de la conservation et de la reproduction de tous les simples et autres plantes nécessaires pour le cours de botanique.

A la première requisition qui lui sera faite par écrit, par le surintendant ou par le maître de l'apothicairerie, et qui sera signée par le contrôleur, il devra fournir, pour l'usage de la pharmacie, toutes les plantes indigènes qui croissent dans les jardins de l'hôpital ou ailleurs, dont on auroit besoin. Il aura l'attention que toutes celles qu'il fournira soient toujours de la meilleure qualité, et qu'elles soient livrées le plus promptement qu'il sera possible, d'après le consentement du directeur du jardin botanique.

Le custode fournira successivement toutes les plantes et toutes les herbes dont on aura besoin pour les leçons dont ces plantes seront le sujet, et cela d'après la note qui lui en sera donnée par le professeur de botanique.

Quant à l'admission des jeunes élèves de l'hôpital et celle des étrangers dans le jardin botanique, elle dépendra des supérieurs et du directeur du jardin. Le concierge ou custode sera cependant chargé de veiller, pendant tout le temps que l'entrée du jardin sera permise, à ce qu'il ne soit fait aucun dégât dans le jardin, qu'on n'y change pas l'ordre des plantes, ni les étiquettes, et que l'on n'emporte rien. Le même concierge empêchera en même temps que l'on ne fasse aucun bruit, et que l'on ne commette aucune indécence dans un lieu qui est sous la protection immédiate du souverain. Dans le cas où il s'y passeroit quelque chose qui

( 283 )

fût repréhensible, il sera obligé d'en faire
son rapport aux supérieurs.

Le custode ou concierge du jardin botanique aura des appointemens fixes pour ses
services, et ceux-ci lui seront payés tous
les mois par la caisse de l'hôpital , sans
qu'il puisse prétendre à aucune autre rétribution.

## ARTICLE XIII.

### *De la bibliothèque.*

Pour qu'il ne manque rien dans l'hôpital
de *Santa-Maria-nuova*, pour le plus grand
avantage et les plus grands progrès des
études relatives à l'art de guérir que l'on
fait dans cet etablissement, il y aura une
bibliothèque fournie des livres et des mémoires les plus intéressans sur toutes les
matières qui ont du rapport à cette profession, avec une personne éclairée et capable qui sera choisie par son Altesse royale
pour en avoir soin et pour surveiller toutes
les personnes qui viendront pour s'instruire.

Cette bibliothèque sera ouverte pour

l'avantage du public ; mais plus particulièrement pour celui des jeunes étudians qui
sont attachés à l'hôpital, depuis trois heures
jusqu'à cinq heures depuis le mois de
novembre jusqu'à la fin du mois d'avril ;
et depuis cinq heures après-midi jusqu'à
sept heures depuis le mois de mai jusqu'à
la fin de juillet, pendant trois jours de la
semaine qui ne seront pas jours de fête ni
jours pendant lesquels il se fera des leçons
aux mêmes heures dans l'hôpital.

Le bibliothécaire sera le président même
des études. Il veillera à l'achat, à l'arrangement et à la conservation des livres dont
il tiendra un catalogue toujours en évidence ;
il veillera en même-temps à la conservation
des différens meubles et des différens objets relatifs à la bibliothèque, dont il tiendra
une note exacte pour pouvoir en rendre
compte à qui il appartiendra.

Le même bibliothécaire aura le plus grand
soin qu'on n'emporte aucun livre hors de
la bibliothèque, sans la permission du
commissaire *pro tempore.*

Quand on présumera qu'il sera nécessaire de se procurer quelque nouvel ou-

vrage, le bibliothécaire le demandera par écrit au commissaire ; et lorsqu'il faudra quelques meubles ou quelques ustensiles, il les demandera également par écrit au maître-d'hôtel ou contrôleur, pour que celui-ci donne les ordres nécessaires pour remplir ses vues.

## ARTICLE XIV.

### *Du Custode ou Garde de la bibliothèque et des écoles.*

Il y aura une personne préposée et choisie par le commissaire *pro tempore*, pour la garde de la bibliothèque et celle des écoles. Elle dépendra non-seulement directement du commissaire *pro tempore*, mais encore du président des études, pour la seule partie de la bibliothèque.

Son devoir sera de tenir la bibliothèque et la grande salle où se donnent les leçons, toujours entièrement propres, de même que tous les livres, les meubles et tous les ustensiles qui y sont relatifs. Il prendra ce soin sous l'inspection immédiate du président des études, auquel il sera responsable, comme étant dépositaire desdits effets.

Tous les jours de l'année, à la réserve des jours de fête d'exprès commandement, et de quelques jours de vacance que le commissaire *pro [tempore* déterminera, le custode tiendra la bibliothèque ouverte depuis huit heures et demie du matin jusqu'à midi, pour l'avantage du public, excepté pendant les heures qui seront destinées pour les leçons, et dont il sera tenu une note, qui sera affichée dans la bibliothèque et dans l'école publique.

La bibliothèque sera encore ouverte pendant l'après-dînée, depuis le mois de novembre jusqu'à la fin de mars, depuis deux heures jusqu'à cinq, et depuis le mois d'avril jusqu'à la fin d'octobre, depuis trois heures et demie jusqu'à six heures, quand il n'y aura pas de leçons pendant lesdites heures, parce qu'il sera de règle que la bibliothèque restera toujours fermée lorsqu'on les donnera.

Le custode de la bibliothèque y laissera entrer tous les professeurs et les étudians en médecine, en chirurgie et en pharmacie,

qui sont attachés à l'hôpital, et les étrangers qui en auront obtenu précédemment
la permission du président des études. Il
aura cependant l'attention de préférer les
premiers, quand il s'agira de communiquer
les livres ou les mémoires qu'on lui demandera, soit pour les lire, soit pour les consulter. Le custode ou garde de la bibliothèque ne permettera à qui que ce soit
d'emporter aucun livre hors de la bibliothèque, sans la permission expresse et par
écrit des supérieurs.

Il veillera à ce que les livres ne soient
point salis ni déchirés par ceux qui s'en
servent, et aura attention à ce que tout
le monde se comporte dans la bibliothèque
avec la décence convenable dans un lieu
qui jouit de la protection immédiate du souverain, et qui ne doit servir que pour y
étudier en silence et avec toute la tranquillité possible.

Quand il s'agira de tenir des assemblées
académiques pour des examens ou pour faire
des expériences, soit publiques, soit particulières, le custode de la bibliothèque sera
chargé de porter les billets d'invitation à

toutes les personnes qui auront le droit d'assister à ces examens ou à ces expériences.

Ce custode aura les clefs de l'école publique, qu'il aura toujours le soin d'ouvrir
demi-heure avant chaque leçon. Il veillera
à ce qu'il n'y ait ni rumeur ni tumulte dans
la classe avant l'arrivée des professeurs.

Il aura encore le soin de marquer, lors
de chaque leçon, sur un tableau destiné à
cet effet, les professeurs et les étudians
obligés d'y assister, qui auroient manqué
de s'y trouver, selon l'ordre qui lui en sera
donné par le professeur. Il en fera ensuite
son rapport par écrit au président des études.

Lorsqu'il s'agira de quelques démonstrations à faire dans une chaire quelconque,
le concierge de la bibliothèque et des écoles
sera encore obligé de veiller à l'entrée de la
salle destinée pour cet objet. Il tiendra note
de tout ce qui se passera d'après la présente
instruction.

Ce custode aura des gages fixes, et sera
payé par la caisse de l'hôpital, et ne pourra
prétendre à aucune gratification ni émolument quelconques.

———————

*Description*

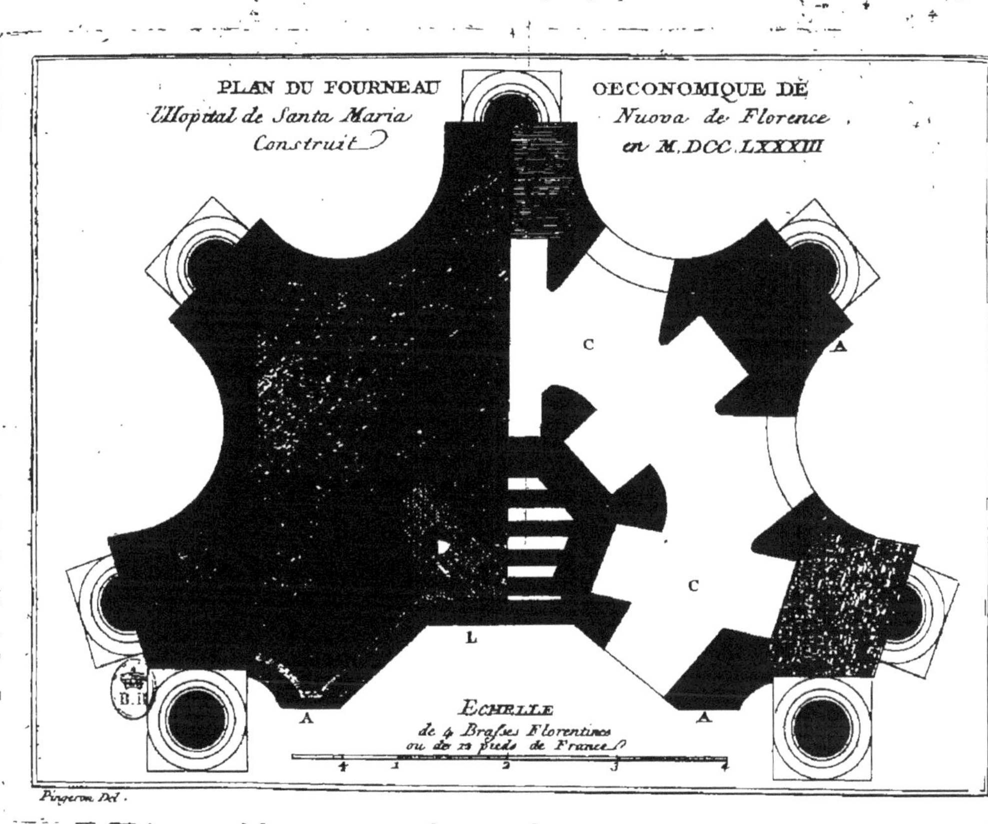

PLAN DU FOURNEAU
OECONOMIQUE DE
l'Hopital de Santa Maria
Nuova de Florence
Construit
en M.DCC.LXXXIII
C
A
C
A
L
A
A
ECHELLE
de 4 Brasses Florentines
ou de 12 pieds de France
4 1 2 3 4
B.I.
Pingeron Del.

*DESCRIPTION détaillée du fourneau nou-vellement construit dans l'hôpital de Santa-Maria-nuova à Florence, qui sert non-seulement à préparer les alimens et les tisanes nécessaires à un très-grand nombre de malades et de personnes qui sont attachées à cette vaste maison, mais encore à échauffer une quantité consi-dérable d'eau pour les bains, à sécher les linges des malades, et à purifier l'air des infirmeries ; invention due à M. GIUNTINI, professeur de chimie phar-maceutique dans ledit hôpital.*

Ce fourneau, qui réunit une foule d'avan-tages, tels que les moyens de pouvoir pré-parer les alimens nécessaires à un grand nombre de malades et de personnes atta-chées à leur service, qui attire et renou-velle le mauvais air que l'on respire dans les deux infirmeries, et fait chauffer cette prodigieuse quantité d'eau dont on a besoin

T

pour les boissons , soit universelles , soit partielles , à toutes les heures du jour et de la nuit , et sèche tout le linge nécessaire aux malades avec la seule chaleur que produit une médiocre quantité de feu ; ce fourneau , dis-je , est établi dans une salle particulière qui est entre les deux infirmeries , et au même niveau qu'elles. On voit dans cette même salle les tours par lesquels on fait passer tous les alimens que l'on a préparés , et tout auprès d'elle les salles des bains des hommes et des femmes. Pour se former une idée juste de ce fourneau , dont on voit le modèle à Paris , au vieux Louvre , dans la salle de marine , qui est contiguë à celle où s'assemblent MM. de l'académie royale des sciences , il faut d'abord le considérer en masse , et ensuite dans tous ses détails. Il conviendroit encore de tracer sur le papier la forme de chacune de ses parties , selon l'ordre dans lequel ces parties vont être décrites.

On a pratiqué sous la salle dans laquelle on a construit ce fourneau , que l'on pourroit nommer *universel* , une espèce de galerie ou de souterrain par lequel passe l'air qui est attiré des deux infirmeries ; savoir, de celle des hommes et de l'infirmerie des femmes. Cette galerie va aboutir à un fort grillage sur lequel on met le bois que l'on brûle dans le fourneau ; cette communication peut être cependant interrompue par le moyen d'une porte, couverte de plaqués de fer, qu'un poids qui se meut dans le souterrain même tient constamment fermée quand on ne la tient pas plus ou moins ouverte, en tirant une chaîne de fer atta-chée à cette porte, et qui traverse l'épais-seur de la voûte de cette gallerie. Cette chaîne s'acroche à tel ou tel crochet im-planté dans le plan vertical contre un des piliers de la salle, selon que l'on sou-haite que la porte soit plus ou moins ouverte.

Au-dessus de ce souterrain est construit le fourneau universel dont on va parler. L'idée pourroit bien en être venue de ces poêles que l'on voit en Allemagne, et qui suffisent pour préparer toutes les espèces d'alimens dans une grande maison ; je me ressouviens d'en avoir vu plusieurs de ce genre, et notamment un à Strasbourg ;

au poêle des Vignerons , il y a plus de quinze ans (1).

Au-dessus de ce grand fourneau est suspendu un long levier de fer, dans une situation parfaitement horizontale.

Ce levier, qui est percé d'un trou par le milieu , est traversé par une barre de fer qui est fixée dans la voûte de l'espèce de niche où se trouve le fourneau. Il peut se mouvoir circulairement autour de la barre dont je viens de parler , sans pouvoir toutefois s'en séparer, parce qu'une forte clavette qui traverse l'extrémité de la barre verticale , s'oppose à cette désunion.

A l'une des extrémités de ce levier horizontal est attachée une poulie immobile sur laquelle passe une corde qui va ensuite se rouler sur les poulies d'une moufle qui est fixée à l'autre bout de ce même levier.

De la chape de la moufle inférieure, pend un anneau auquel sont attachés deux

—————————————————

(1) M. le chevalier Gentil, colonel d'infanterie, qui a demeuré long-temps au Mogol et dans les grandes Indes , m'a souvent dit que les fourneaux d'argile dont les Indiens se servoient pour préparer leurs alimens, étoient construits sur le même principe.

longs crochets de fer brisés dans le milieu de leur longueur. Ces crochets servent à saisir les anses des grosses marmites qui sont sur le fourneau, et à les enlever hors de leur place, par le secours de la moufle. On les transporte ensuite avec très-peu de force, par le moyen du levier dont on vient de dire un mot, et qui fait ici les fonctions de la grue.

La voûte, en forme de cul-de-four ou de voûte de niche, qui est au-dessus du fourneau, est formée avec des plaques de tôle, pour pouvoir mieux conserver la chaleur. Elle pose sur une espèce d'attique ou d'entablement fort élevé, sans corniche et sans architrave, qui est également de tôle; cette attique est censée soutenue par un certain nombre de pilastres ornées de leurs chapiteaux et de leurs bases, qui sont adossés à de gros piliers creux dont on parlera dans la suite; ceux-ci reçoivent dans leur épaisseur une partie des angles saillans du fourneau. Ces mêmes pilastres posent sur le fourneau même.

Le fourneau universel est un heptagone, comme on peut le voir dans le plan ci-joint, auquel on a enlevé deux de ses côtés antérieurs.

Dans chacun des piliers, qu'il pénètre jusqu'à un certain point, par ses angles saillans, est engagé une colonne par la moitié de son diamètre ; celles-ci soutiennent la voûte, au-dessus de laquelle sont les étuves et le séchoir, qui est perpétuellement échauffé par le fourneau.

Pour concevoir maintenant la manière dont cela peut arriver, il faut que l'on sache que la chaleur et la fumée du fourneau ou grand poêle s'échappe par une paire de tuyaux cylindriques de cuivre qui traversent chaque gros pilier, où l'on a ménagé une cavité pour cet effet, et pour un autre usage dont on ne tardera pas à rendre compte.

Cette paire de tuyaux de cuivre va se réunir à un autre tuyau qui fait un angle de quarante-cinq degrés avec le premier, et qui embrasse, par cette disposition, la convexité de la demi-calotte de fer qui est au-dessus du fourneau.

Ces tuyaux inclinés se joignent ensuite à un seul conduit carré ou gaîne verti-

cale qui sort hors du toit de ce bâtiment.

Cette gaine qui porte toute la chaleur
et toute la fumée du fourneau ou grand
poêle hors des salles, n'a qu'une seule ouverture dans sa partie latérale, et cette
ouverture peut se fermer au moyen d'un
venteau mobile sur des gonds et des pentures fixées à sa partie inférieure.

Une chaîne qui passe au travers de la
voûte de la salle où est le fourneau, et ensuite sur une poulie immobile, pour aller
s'attacher à la partie supérieure du venteau,
suffit pour faire cette opération et pour
concentrer toute la chaleur du fourneau
dans le séchoir ou les étuves.

La manière dont ce fourneau est disposé
est agréable à la vue ; la voûte du cul-de-
four, qui est exécutée en tôle, est ornée
de caissons sans rosaces ; l'espèce d'entablement qui la supporte, et d'où elle prend
naissance, est interrompu dans son pour-
tour de caissons placés verticalement, et
sur le fond desquels sont placés alternativement des massacres ou têtes de taureau décharnées. Cet entablement est sup-

porté à son tour par des pilastres d'ordre toscan, dont les bases sont appuyées par un socle qui porte sur le fourneau même, dont les côtés sont en arc concaves pour la commodité du service. Ces pilastres sont appuyés contre les gros piliers creux qui montent de fond, et dont on a déja parlé.

Pour entrer maintenant dans les détails, nous répéterons que le plan du fourneau est un heptagone, ou figure à sept côtés, que l'on a privé de ses deux côtés antérieurs. Nous dirons ensuite que l'on a fait dans ce même endroit une échancrure dans le massif même du fourneau, si l'on peut s'exprimer ainsi, pour pouvoir atteindre facilement à l'endroit où l'on entretient le feu. Or ce dernier local est un hexagone dont le côté qui répond à l'échancrure dont on vient de faire mention, est beaucoup plus long que les autres; par cette disposition, chaque angle de cet hexagone irrégulier répond au milieu des côtés extérieurs du fourneau, qui forment autant d'arcs concaves, comme on l'a déja dit.

C'est dans ce polygone irrégulier qu'est placée la grille du fourneau, dont les barres sont toutes parallèles au plus grand côté de ce dernier.

Le reste du fourneau est revêtu de grandes plaques de fer fondu, et l'on voit à chaque angle de ce polygone qui sert de foyer, de petits murs de fer fondu, plus larges vers leur base que vers leur sommet, et qui vont aboutir au milieu de la partie convexe de chaque côté du fourneau.

Ces espèces de cloisons qui divisent la totalité du fourneau en cinq grands compartimens, sous chacun desquels sont les fours, sont échancrées dans leur partie supérieure, du côté de la partie convexe des côtés du fourneau. Cette échancrure, qui a la forme d'un quart-de-cercle un peu alongé, sert à favoriser l'expansion de la chaleur et la circulation de la fumée.

Au-dessus de chaque échancrure ménagée dans ces cloisons, est une forte barre de fer parallèle au pied de ces petites murailles.

C'est sur ces petits murs en cloisons que sont posés des plaques de fer fondu, percées de plusieurs ouvertures circulaires de différens diamètres, pour recevoir les différentes marmites ; ces cinq plaques ont chacune trois ouvertures, une grande qui est la plus proche du foyer, et deux petites qui en sont les plus éloignées.

· Les murs de fer fondu qui ferment l'enceinte de l'endroit où brûle le bois, ne montent point de fond jusqu'à la partie supérieure du fourneau. Ils ne s'élèvent que jusqu'aux deux tiers des cloisons qui soutiennent les plaques ajourées dont on vient de parler.

. Il est facile de voir par cet arrangement que la chaleur du foyer, qui est rabattue par une forte plaque de fer qui ferme ce dernier par dessus, peut circuler et se répandre dans tous les cinq compartimens.

Cette vaste plaque qui recouvre le foyer, est percée dans le milieu d'un grand trou circulaire pour recevoir une chaudière ou une grande bassine ; si l'on veut y mettre un vaisseau plus petit, on ferme la grande ouverture par une plaque dans laquelle est percé un trou d'un moindre diamètre.

A droite et à gauche, sont deux ouvertures circulaires par lesquelles on met le bois dans le fourneau , et que l'on ferme avec des couvercles de fer fondu.

La partie des piliers creux dans laquelle les angles saillans du fourneau sont censés avoir pénétré , est percée de deux trous triangulaires, dont la base est à fleur du fond de chaque compartiment.

Ces ouvertures donnent entrée à la chaleur et à la fumée dans une petite chambre, dans le plafond de laquelle sont ménagées deux ouvertures circulaires pour recevoir la paire de tuyaux de cuivre dont on a parlé ci-devant.

Ces tuyaux ne montent point verticalement, mais sont un peu inclinés dans l'intérieur du pilier ; on en verra bientôt la raison.

A quelque distance de la partie inférieure de ce conduit de cuivre, sont des rebords qui supportent des soupapes carrées qui s'ouvrent de bas en haut et par dehors, pour augmenter l'intensité du feu et pour la diminuer ; chaque tuyau répond à une soupape particulière.

On tire encore quelque avantage de la partie antérieure du foyer : on a pratiqué pour cela deux ouvertures longitudinales,

à peu de distance du long côté du couvercle du foyer ; dans ces ouvertures sont
placés des registres ou espèces de vannes
de fer qui se meuvent dans le plan vertical,
et ménagent une communication entre le
feu et l'espace compris entre ces mêmes
vannes ou registres et les portes du foyer.
Cet intervalle est destiné pour les vases de
terre où l'on fait cuire des viandes ou légumes , et la partie qui les couvre, sert à
y placer les léchefrites, et au-dessus d'elles
les différentes broches pour les rôtis et
objets dont on va parler tout-à-l'heure.

On fait également rôtir les viandes par
le moyen de ce fourneau. Or, on y parvient
par le secours d'un fort tourne-broche mu
par l'eau, dont la roue motrice est dans le
souterrain par lequel s'introduit l'air mé-
phitique qui vient attiser le feu. Cette roue
est à augets ; une certaine quantité d'eau
coulante qui va se perdre dans un puisard,
tombe constamment sur elle ; remplit les
petits seaux dont sa circonférence est garnie ,
et la fait tourner. Sur l'axe de cette roue,
qui se meut dans le plan vertical, est fixé
un pignon qui mène une roue dentée sur

la joue de laquelle est fixée solidement une large poulie. Cette poulie verticale reçoit une chaîne sans fin, c'est-à-dire, attachée par les deux bouts, qui traverse la voûte de la galerie souterraine, et s'adapte ensuite à la poulie qui est traversée par la broche Celle-ci est établie au besoin sur la partie antérieure du fourneau sous une espèce de caisse de fer-blanc, ayant la forme d'un cylindre coupé dans le plan de son axe, comme nos cuisinières.

Cette broche qui se meut dans cette espèce de coffre, est supportée par ses deux joues ; sa forme est singulière et ménage plusieurs commodités, telles que celles de pouvoir faire rôtir dans le même temps, les plus grosses pièces de bœuf et les plus petites volailles.

A peu de distance de la poulie qui est fixée à l'une des extrémités de cette broche, partent de cette dernière plusieurs pointes de fer qui sont inclinées par rapport à la broche, et dans lesquelles on enfile les volailles ; on pourroit comparer ces pointes aux barbes d'une plume ; avec cette différence qu'elles sont peu serrées.

Sous cette broche se place enfin une léchefrite ; et au moyen d'une porte qui s'ouvre horizontalement et qui est adaptée au couvercle de cet appareil, on peut facilement arroser tous les rôtis comme avec nos cuisinières, dont le mécanisme dont je viens de parler, n'est, à dire le vrai, qu'une imitation.

Les couvertures de ces broches, qui préviennent la dissipation et la trop grande expansion de la chaleur, et ces broches elles-mêmes se serrent dans des réceptacles particuliers qui sont ménagés sous le fourneau, quand elles sont inutiles.

On a déja dit que sous chaque grand compartiment qui est sur le même plan que le foyer, se trouvoient des fours que l'on fermoit avec des portes de tôle. Or, on introduit dans ce four de petits chariots de fer avec des roulettes de cuivre, dont la partie supérieure est couverte d'un large grillage, dans les carreaux duquel on fixe différens vases où l'on prépare quelques alimens.

Chacun des piliers creux qui supportent la voûte de tôle qui imite celle d'une niche et qui recouvre le fourneau , sert en même temps de réservoir pour une certaine quantité d'eau. Cette eau est échauffée par les tuyaux de cuivre qui traversent ces piliers et qui s'y élèvent dans le sens de la diagonale, pour avoir plus de longueur dans le même espace, et pouvoir par ce moyen communiquer leur chaleur à une plus grande quantité d'eau.

Des robinets placés extérieurement par rapport à ces piliers et à une hauteur convenable sur chacune de leurs faces latérales, servent à la distribution de cette eau chaude. C'est ainsi que l'on tire un parti avantageux d'une bonne partie de la chaleur du fourneau et de celle de la fumée qui est ordinairement perdue dans nos cheminées.

Un conduit horizontal de plomb qui communique d'un de ces piliers à l'autre par leur partie supérieure, sert à y porter l'eau qui vient du grand réservoir.

On a imaginé un moyen fort simple pour faire fermer ce conduit sans le secours de personne, quand on a la quantité d'eau dont on a besoin ; on va en rendre compte.

Au-dessus du dernier pilier, qui est ouvert

par le haut, est une espèce de balance, à l'un des bras de laquelle est suspendu un *flotteur* ou boule de cuivre vide et bien étamée, qui descend dans le pilier, et dont le poids suffit pour tenir ouvert le robinet qui est attachée à l'autre bras de la même balance. Ce robinet est placé horizontale- ment; il est facile de voir que dès l'instant que la boule de cuivre vient à surnager, le robinet se ferme par sa propre pesanteur et l'eau cesse de couler. Dans le cas où ce mécanisme ne produiroit pas son effet, l'eau a la facilité de sortir du dernier pilier par un tuyau de dégorgement d'un plus gros calibre qui la lui fournit. Ce dernier tuyau est fixé presque au niveau du bord de cette espèce de réservoir.

On a eu l'attention de placer une petite cuvette avec un tuyau de dégorgement sous ce robinet dont on vient de parler, pour qu'il n'y ait jamais d'eau répandue dans les étuves ou séchoir, qui est le lieu où l'on voit ce mécanisme.

On n'a pas cru devoir s'étendre davan- tage sur ce fourneau, qui est véritablement économique, et l'on n'a pas décrit toutes les

les parties qui lui sont communes avec les autres poêles, vu qu'il est facile de concevoir que sous la porte des petits fours qui se présentent devant la grille, il faut nécessairement une petite porte par laquelle on doit allumer le feu, et que sous la grille lá plus considérable il doit y avoir une seconde grille qui ne laisse passer que les cendres qui tombent dans le cendrier.

Celui-ci n'est autre chose qu'une petite chambre qui est dans le souterrain dont on a parlé en premier lieu, et qui est fermée par une porte couverte de plaques de fer; la cendre y tombe par une espèce de trémie. Ces parties se trouvent dans tous les poêles et fourneaux, sous un volume relatif à leur grandeur.

On terminera cette description en observant que la forme des marmites dont on fait usage pour ce fourneau, diffère absolument de celle des marmites ordinaires; elles sont cylindriques jusqu'aux deux tiers de leur hauteur pour pouvoir être plongées, pour ainsi dire, très-profondément dans le bain de feu qui se trouve dans chaque compartiment. Ces marmites deviennent ensuite une espèce de vase sphérique, applati comme une citrouille dans le plan horizontal, ce qui facilite le moyen de poser solidement sur le dessus du fourneau, et d'empêcher que la chaleur et la fumée ne s'en échappent.

Ces marmites, qui sont de cuivre étamé, ont chacune deux fortes anses de fer par lesquelles on les saisit quand on veut les déplacer ; on se sert pour cela de la machine dont on a parlé au commencement de cette description. Elles sont en même temps munies d'un couvercle avec une poignée ; ce couvercle doit être du même diamètre que l'ouverture circulaire dans laquelle on a fait passer la partie inférieure de la marmite, pour qu'il puisse la fermer dans l'instant où l'on aura enlevé cette dernière ; car, sans cette précaution, la chaleur que l'on s'est attaché à concentrer particulièrement dans ce fourneau, pour en tirer le plus grand avantage, se dissiperoit inutilement.

Les planches qui représentent cet appareil dans l'ouvrage italien qui a pour titre : *Regolamento del Regio Arcispedale di Santa-Maria di Firenze*, ont été dessinées par

Luigi Mulinelli , et très-bien gravées par Jean-Baptiste Cocchi. La première planche représente l'élévation du fourneau avec la salle dans laquelle il est placé , et la coupe verticale du souterrain. Le local où est placé le fourneau s'annonce par un grand arc doubleau, dont la clef est formée par une espèce de console qui est censée soutenir une portion de l'architrave de l'entablement d'un grand ordre de pilastres. Cet arc doubleau ou archivolte est soutenu par le prolongement d'une corniche qui s'étend jusqu'au grand ordre , et qui lui tient lieu d'imposte.

Cet arc est soutenu par deux colonnes d'ordre toscan placées sur de simples socles.

Le reste de la corniche dont on vient de parler, et sur laquelle s'élève de fond le mur antérieur des étuves ou séchoir, est soutenue par deux colonnes engagées d'un tiers de leur diamètre dans le massif des pilastres du grand ordre. Le chapiteau de ces dernières est fantastique et d'un assez bon style ; l'architecte y a fait entrer , au lieu de rosette, une tête de taureau décharnée.

L'espace qui se trouve entre les colonnes du petit ordre , est la moitié de la baie de l'arc doubleau, ce qui laisse un espace suffisant pour la facilité du service.

La voûte en *cul-de-four* ou en niche, qui est au-dessus du fourneau, se lie avec l'archivolte, qui n'est, à proprement parler, que l'entrée de cette espèce de niche.

On apperçoit au travers des gros piliers qui servent de réservoir d'eau chaude, que la salle, dans laquelle est établi le fourneau dont on vient de parler, est absolument carrée, et que le derrière sert d'évier pour laver la vaisselle.

La seconde planche offre le plan du fourneau, que l'on suppose découvert à moitié pour laisser voir l'intérieur de chaque compartiment C'est la seule figure que l'on a cru devoir joindre en partie à cet ouvrage. On va en expliquer les renvois.

On voit d'abord que cette cheminée ou fourneau est un heptagone privé de ses deux côtés antérieurs.

A. Eptagone dont on vient de parler, ou contour extérieur du fourneau.

B. Polygone inscrit dans le précédent, dont les côtés forment l'enceinte dans laquelle on allume et l'on entretient le feu et dans laquelle est placé le gril.

C. Pavé des fours vu par le milieu, et sur lequel on fait courir les petits chariots destinés à porter les mets que l'on veut faire cuire.

D D. Plans d'une partie des colonnes ou supports de fer fondu qui soutiennent, à des hauteurs déterminées, les plaques de fer fondu qui forment le plafond des fours, et qui sont sous les plaques E F H, dans lesquelles sont pratiquées des ouvertures circulaires pour placer les différentes marmites.

E. Portion de grandes plaques de fer qui servent de couverture aux fours, et en même temps de pavés aux cavités destinées à recévoir les marmites.

F. Une des cinq grandes plaques de fer percées de deux rangées de trous dans les points G G G, pour recevoir les marmites.

G G G. Ouvertures circulaires d'une grandeur déterminée, dont on en voit trois des quinze qui doivent se trouver dans la superficie du fourneau.

H. Forte plaque de fer fondu, ou pla-

teau couvert de tôle par dessus et par dessous, destinée à couvrir l'endroit où l'on
allume et l'on entretient le feu ; on y voit
également des ouvertures circulaires pour
placer des casseroles, des poêles, ou pour
faire préparer certains mets. On n'en apperçoit que la moitié dans la figure.

I. Une des deux ouvertures par laquelle
on met le bois sur le gril du fourneau.

K. Moitié de la grande ouverture destinée
à recevoir une grande poêle. On peut en
diminuer le diamètre en mettant une cou-
ronne de fer.

L. Moitié des ouvertures longitudinales
dans lesquelles on met les espèces de vannes
qui tiennent lieu de registres, et qui séparent
la partie antérieure du fourneau où l'on met
les vases de terre de l'endroit où l'on entretient le feu.

M M. Base des deux ouvertures triangulaires par où passent la chaleur et la fumée
pour monter dans les tuyaux de cuivre qui
traversent les piliers qui servent de réservoir, et en échauffer l'eau.

N. Cavité ménagée sous les réservoirs
pratiqués dans chaque gros piliers, et qui

contribue à la raréfaction de l'air ; c'est à cette cavité ou petite chambre que répondent les tuyaux de cuivre par lesquels s'échappent la fumée et la chaleur.

O. Rebord carré sur lequel posent les soupapes, et qui est disposé de manière que l'on peut ouvrir ou fermer ces dernières, selon que l'on veut graduer le feu.

P. Moitié du plan des réservoirs coupé dans l'endroit où commencent les tuyaux de cuivre par lesquels s'échappe la fumée.

La troisième et dernière planche représente l'ensemble du fourneau que l'on suppose coupé horizontalement à différentes hauteurs, pour faire voir l'intérieur de chaque partie. Cette planche suffiroit seule pour donner une idée complète du fourneau dont on vient de parler.

La seule objection que l'on puisse faire contre une pareille invention, c'est qu'un dommage un peu considérable peut suspendre tout le service de la maison. Or, pour prévenir un pareil accident, il conviendroit d'avoir des pièces de rechange toutes prêtes pour remplacer promptement celles qui pourroient manquer.

V iv

J'acheverai cet article en faisant observer que ce fourneau est encore un véritable ventilateur. En effet, l'air étant constamment raréfié dans le foyer que l'on suppose toujours bien fermé par dessus et bien glaisé, l'air extérieur qui veut se mettre en équilibre, tend alors à y entraîner tous les miasmes putrides et tout le méphitisme qui peut se trouver dans l'air que l'on respire dans les deux infirmeries. Or, ces miasmes étant soumis à la violente action de feu, il arrive qu'ils y sont bientôt détruits, et qu'un air pur succède dans les infirmeries sans aucun effort et sans aucun appareil extraordinaire. Ce moyen d'entretenir un air salubre dans un grand hôpital, n'empêche point qu'on n'ait recours aux tuyaux aspirans et aux ventilateurs ordinaires.

*ANALYSE de l'eau que l'on a dérivée du conduit royal à un petit nombre de brasses du réservoir qui est dans le voisinage du Serrone du* Pian di Mugnone, *pour le service de l'hôpital de* Santa-Maria-nuova *à Florence* (1).

L'eau de Monte-Reggi est des plus pures et des plus transparentes à sa source; mais dès qu'elle est entrée dans le *Serrone* du *Pian di Mugnone*, et de-là dans le conduit couvert, elle perd un peu de sa première diaphanéité. Elle reprend cependant bientôt cette qualité après un cours assez borné, comme le prouvent son aspect, son excellente saveur et les confrontations que l'on a faite des analyses de cette même eau, prise alternativement à sa source et à l'entrée du conduit royal

_____________

(1) Comme cette analyse a été faite avec le plus grand soin, et d'après les nouveaux principes adoptés en chimie, on a présumé qu'elle pourroit servir de modele dans pareilles circonstances ; c'est ce qui m'a engagé à la traduire

qui la reçoit à peu de distance de sa sortie du Serrone.

On a trouvé que la température de cette eau, observée à diverses reprises pendant les mois de mai, de septembre et d'octobre, dans l'endroit où elle entre dans le canal, suivoit les variations de l'atmosphère, et qu'elle étoit toujours de deux degrés plus froide qu'elle.

Le poids spécifique de cette eau est à celui de l'eau distillée, comme 10,050 est à 10,000.

La teinture de violette et celle de tournesol ne produisent point d'altération et de changement sensible dans cette eau ; mais la teinture spiritueuse de noix de galle, la trouble après plusieurs heures, et lui donne la couleur d'un jaune obscur.

Le sulfat d'argent, mêlé avec cette eau, se change en muriatic lunaire ou argent cornée ; et la chaux pesante et nitrée en spath pesant et régénéré.

L'alkali aéré blanchit cette eau, et lorsque cette couleur blanche est portée à un plus haut degré, cette eau devient pour lors une véritable eau de chaux.

I. Cent onces de cette eau, exposées à l'action du feu dans une cornue, avec l'appareil convenable de mercure, donnèrent, après quelques minutes d'ébullition, le fluide élastique qu'elles contenoient.

II. Après avoir examiné ce produit, on a trouvé que c'étoit un mélange d'air atmosphérique et d'acide aérien.

III. Le fluide contenu dans la cornue, qui étoit au commencement diaphane et clair, fut trouvé un peu trouble après cette opération.

IV. Ce même fluide ayant été filtré, et mis de nouveau sur le feu dans un vase à distiller ou alambic de verre ; fut fait bouillir de nouveau, et cette ébullition fut continuée jusqu'à ce que le fluide fût diminué des deux tiers. On ne s'apperçut point alors qu'il y fût arrivé le moindre changement, ni que ce fluide fût devenu trouble.

V. La substance que cette eau avoit déposée, ayant été d'abord lavée avec de l'eau distillée, et ensuite fait sécher et pesée, entre complétement en dissolution dans le vinaigre distillé.

VI. Ce fut en vain que l'on ajouta à

cette dissolution de l'alkali phlogistiqué et de la véritable eau de chaux, parce que de pareils réactifs n'y produisirent pas la moindre décomposition. Ces expériences prouvèrent donc que cette dissolution étoit celle d'un sel calcaire acéteux qui résultoit de la chaux aérée que l'on avoit obtenue.

VII. Le fluide privé de cette substance et des deux autres principes que l'on vient d'indiquer, montra clairement qu'il conténoit un sel martial , parce que l'effusion que l'on en fit sur l'alkali phlogistiqué, produisit le bleu de Berlin ou bleu de Prusse.

VIII. L'alkali parfaitement aéré ayant été ensuite jeté sur ce fluide , et fait bouillir sur le feu autant de temps qu'il falloit, produisit un précipité qui, après avoir été ramassé, lavé et fait sécher, fut pesé scrupuleusement.

IX. Le fluide résidu, c'est-à-dire, celui qui reste, fut ensuite divisée en deux portions égales. On en éprouva une d'un côté avec lesulfat d'argent, qui y fit découvrir l'existence de l'acide marin par la lune cornée qu'il produisit sur le champ; quant à l'autre mòitié de ce même fluide, on y ajouta de la chaux pondéreuse et nitrée, ce qui manifesta l'acide vitriolique, parce que la sélénite pondéreuse fut reproduite.

X. Le précipité obtenu par l'alkali aéré fut entièrement dissous dans l'acide marin, et il en résulta une parfaite neutralisation.

XI. A cette nouvelle dissolution fut ajouté de la terre calcaire aérée la plus pure, avec laquelle on la mit sur le feu pour la faire bouillir.

XII. Lorsqu'on vit clairement que toute apparence de réaction avoit disparu dans la liqueur, celle-ci fut filtrée.

XIII. Le résidu, qui ne pouvoit être qu'une terre argileuse et une portion de terre calcaire qui excedoit la dose nécessaire qui avoit servi de réactif, ayant été reçu sur un filtre, fut ensuite dissous pour la seconde fois dans l'acide marin pour déterminer le poids juste de la première terre.

XIV. L'addition de l'eau de chaux, dans cette dissolution diaphane que l'on avoit d'abord fait bouillir sur le feu, indiqua la présence et la quantité de terre argileuse que l'on avoit soupçonnée, parce que le précipité obtenu, ayant été édulcoré et séché après avoir comparé les poids, ensuite par la surabondance en seconde preuve, unie à une dose proportionnée d'acide vitriolique, produisit de l'alun.

XV. Ce fluide, qui fut promptement décomposé avec la terre calcaire, et qui par conséquent avoit été ainsi privé de son élément, ne pouvoit être qu'un mélange de chaux et de magnésie saline ; on versa donc sur ce même fluide de la véritable eau de chaux, qui, par le trouble qu'elle y occasionna, prouva l'existence de la première de ces terres.

XVI. En effet, après avoir lavé cette même terre, l'avoir fait sécher et avoir comparé auparavant les poids, on la fit dissoudre dans l'acide vitriolique pour avoir une nouvelle preuve ; il en résulta de la magnésie vitriolée. Celle-ci se manifesta également par l'amertume de sa saveur et par la figure de ses cristaux.

XVII. La seule chaux saline restoit dans la dernière liqueur qui formoit le résidu. Or il s'agissoit de s'assurer si cette même chaux étoit préexistante ou formée par la véritable chaux aérée , employée comme réactif : il fut facile de le voir par l'augmentation du poids des deux terres *édulcorées*, qui pour n'être pas montées à la quantité donnée par l'alkali aéré, avec le précipité entier qu'on avoit observé au paragraphe huitième ; celui-ci devroit être égalé par la terre calcaire actuelle qui avoit été admise avec sureté dans le calcul, comme étant isolée.

XVIII. Il résultoit de ce que l'on venoit de voir qu'il y avoit dans l'eau qui étoit en expérience, des sels terreux, des sels marins et vitriolés par la chaux aérée et le fer vitriolé que l'on avoit présumé. Or pour déterminer avec quels acides ces substances pouvoient être jointes, on pesa deux doses de cette eau égales à la première qui étoit déja décomposée, comme on vient de le voir, et ensuite concentrée sur le feu et filtré comme il convenoit. On y ajouta la chaux pesante, acéteuse et d'une force reconnue, et dans une dose qui ne fût point excédante pour la moindre partie.

XIX. Il est facile de voir que tous les sels vitriolés, contenus dans l'eau dont il étoit

question, avoient concouru à former la sélénite pesante qui équivaut au spath pesant régénéré. Le poids de ce sel qui venoit d'être produit, indiqua la quotité de
l'acide vitriolique; mais ses anciennes bases
étoient confondues et jointes au vinaigre
qui formoit dans le commencement le réactif que l'on avoit employé.

XX. On versa ensuite de l'argent vitriolé
sur la liqueur qui avoit été filtrée scrupuleusement, sans qu'il eût passé un atôme de
l'addition convenable, pour qu'il indiquât
la quantité d'acide marin qui constituoit
les sels marins; c'est ce qui changea ces
mêmes sels en sels vitriolés, et l'argent en
lune cornée ou argent salin.

XXI. Le lien des sels décomposés restoit
toutefois encore inconnu, ou pour mieux
dire, on ne voyoit pas encore évidemment
avec quelles bases étoient unis les deux
acides dont l'existence étoit déja démontrée
quant à l'espèce et à la quantité; c'est
pourquoi on procéda à réduire à siccité
le fluide qui restoit, selon la méthode de
M. Bergman. Or, pour une plus grande précaution,

caution, on employa sur la fin la chaleur du bain-marie.

XXII. L'esprit de vin que l'on avoit ajouté, fit entrer en dissolution les sels déliquéscens qui, dans le cas actuel, étoient des sels acéteux, et laissa intacts les sels vitriolés ; il restoit donc dans une pareille dissolution des sels dont les bases formoient les substances salines et vitriolées, comme on l'a déja dit à l'article 18. On fit la comparaison des résultats par la cristallisation et par la décomposition.

XXIII. La cristallisation ne fit point voir la terre foliée, soit cubique, soit véritable ; ce qui prouva en même-temps qu'il n'existoit point de sel de Glauber dans l'eau dont il s'agissoit, et par conséquent dans cette eau considérée dans son état primitif.

XXIV. D'après les examens et les secours des réactifs ordinaires que l'on avoit déja employés, la décomposition n'indiqua que la présence de la terre calcaire et argileuse. On tint ensuite dans la comparaison des poids, une note scrupuleuse, d'après laquelle

X

on fut forcé de conclure qu'il y avoit réellement dans l'eau dont il étoit question, deux substances salines vitriolées, savoir la véritable sélénite et l'argile.

XXV. En comparant donc les bases du sel qui n'avoit point été attaqué par l'esprit de vin, ou le résidu dont il étoit question, on devoit y retrouver la magnésie, le fer, les alkalis fixes salins, qui dans le cas actuel, et par la décomposition qui avoit été faite de ces mêmes sels, avoient été convertis en sels vitriolés par l'agent doué de cette qualité ; c'est pour cette raison que l'on fit dissoudre ce résidu dans l'eau distillée, et pondereuse que l'on joignit à cette dissolution la chaux pondereuse et acéteuse.

XXVI. La réaction ayant eu lieu, et la sélénite pesante ayant été ramassée sur un filtre, le fluide fut exposé sur le feu dans une cornue, pour y être non-seulement réduit à siccité, mais encore pour que les sels acéteux que l'on avoit obtenus, fussent décomposés de nouveau par son action. Or cela étant arrivé, et le poids du résidu ayant été reconnu, on y ajouta de l'eau distillée

Celle-ci opéra la dissolution complète de l'alkali fixe, et laissa les terres intactes.

XXVII. L'alkali qui avoit été dissous se combina avec l'acide marin, et forma le véritable sel commun.

XXVIII. Les terres ayant été faites sécher, et pesées, il fallut de nouveau les faire dissoudre dans le vinaigre distillé, et ajouter à cette dissolution l'alkali phlogistiqué, pour avoir le bleu de Prusse, ce qui arriva effectivement ; on y ajouta encore l'eau de chaux pour se procurer le précipité terreux magnésiaque, ce qui se rencontra comme on l'avoit présumé.

XXIX. Il résulte donc clairement, d'après ces différentes expériences, que les substances qui entrent dans ces eaux, sont l'air atmosphérique, l'acide atmosphérique libre, la chaux aérée, la chaux vitriolée, la terre argileuse vitriolée, le fer commun, le fer salin, la chaux saline et la magnésie saline. On voit encore que ces substances ayant été pesées plusieurs fois avec exactitude, leur quotité se monte, dans cent livres d'eau, à neuf scrupules et $\frac{143}{360}$.

Pour avoir un objet de comparaison, on analysa, d'après la même méthode, et en répétant les mêmes expériences, l'eau de la fontaine publique appelée communément *la fontaine de Sainte-Croix*, parce qu'elle est sur la place de l'église qui porte ce nom.

Comme la pesanteur spécifique de cette eau diffère de celle de l'eau dont on vient de parler, étant à l'eau distillée comme 10,067 est à 10,000, les résultats furent aussi différens. On a trouvé en effet dans cette dernière eau de la fontaine de Sainte-Croix, indépendamment de l'air atmosphérique et de l'acide atmosphérique libre, le fer aéré, la chaux aérée, le fer vitriolé, la chaux vitriolée, la terre argilleuse vitriolée, le sel commun, la magnésie solite et le fer solite. Or ces substances montent toutes ensemble dans chaque centaine de livres de Florence d'eau, à 2 onces trois scrupules 18 grains et un tiers.

La table synoptique cy-jointe, dans laquelle on a spécifié le poids de chacun de ces produits que l'on a rapporté ci-devant, indiquera plus clairement les différences, d'après lesquelles il sera plus facile de voir combien la première eau surpasse en bonté cette dernière, qui jusqu'à présent a passé pour la meilleure eau de Florence, soit de celle des puits, soit des fontaines publiques, quoique ces dernières eaux fussent toutes fournies par le même canal royal. Cela devoit être ainsi, parce qu'on n'avoit pas jusqu'ici muni ce canal des dépuratoires nécessaires, et qu'on n'avoit pas encore fait une contre-mine pour garantir l'eau qui couloit dans le canal; car dans tout l'espace où l'on a fait depuis peu ces travaux, le canal étoit découvert, et l'eau s'y mêloit avec celles qui filtroient au travers des murailles et des voûtes de l'ancienne mine. C'est pourquoi l'eau, qui étoit souvent trouble et de mauvais goût, ne pouvoit pas avoir cette réputation qu'elle auroit méritée, si elle étoit venue pure et sans mélange de ces deux sources. Les réparations que l'on vient de faire avec toute l'intelligence et la solidité possibles, garantiront dorénavant d'un pareil inconvénient la fontaine dont on vient de parler, et toutes celles que l'on fera par la suite, soit dans l'hôpital, soit dans la ville, pour l'utilité publique. Il faut donc espérer que dans les temps de pluie et pendant les sécheresses, cette même eau restera légère et parfaitement transparente, et qu'elle aura la même bonté et la même saveur qu'elle a à sa source, au moyen des précautions que l'on vient de prendre.

---

## TABLE SYNOPTIQUE DES ANALYSES PRÉCÉDENTES

Substances contenues dans cent livres florentines d'eau.

| NOMS des eaux. | Qualités physiques. | | En pouces cubiques. | | En grains. | | | | | | |
| --- | --- | --- | --- | --- | --- | --- | --- | --- | --- | --- | --- |
| | Température. | Poids spécifique. | Air pur. | Acide aérien. | Chaux aérée. | Fer aéré. | Chaux vitriolée. | Fer vitriole. | Terre argileuse vitriolée. | Sel commun. | Magnésie montée. |
| Eau distillée. | | 10,000 | | | | | | | | | |
| Eau du conduit royal. | | 10,050 | $1\frac{43}{54}$ | $5\frac{16}{27}$ | 12 | | $19\frac{1}{2}$ | | 16 | $14\frac{1}{2}$ | 125 |
| Eau de la fontaine de Ste Croix. | | 10,067 | $1\frac{7}{11}$ | $4\frac{16}{27}$ | 2 | 9 | $29,3\frac{2}{3}$ | 300 | 25 | $217\frac{1}{2}$ | 100 |

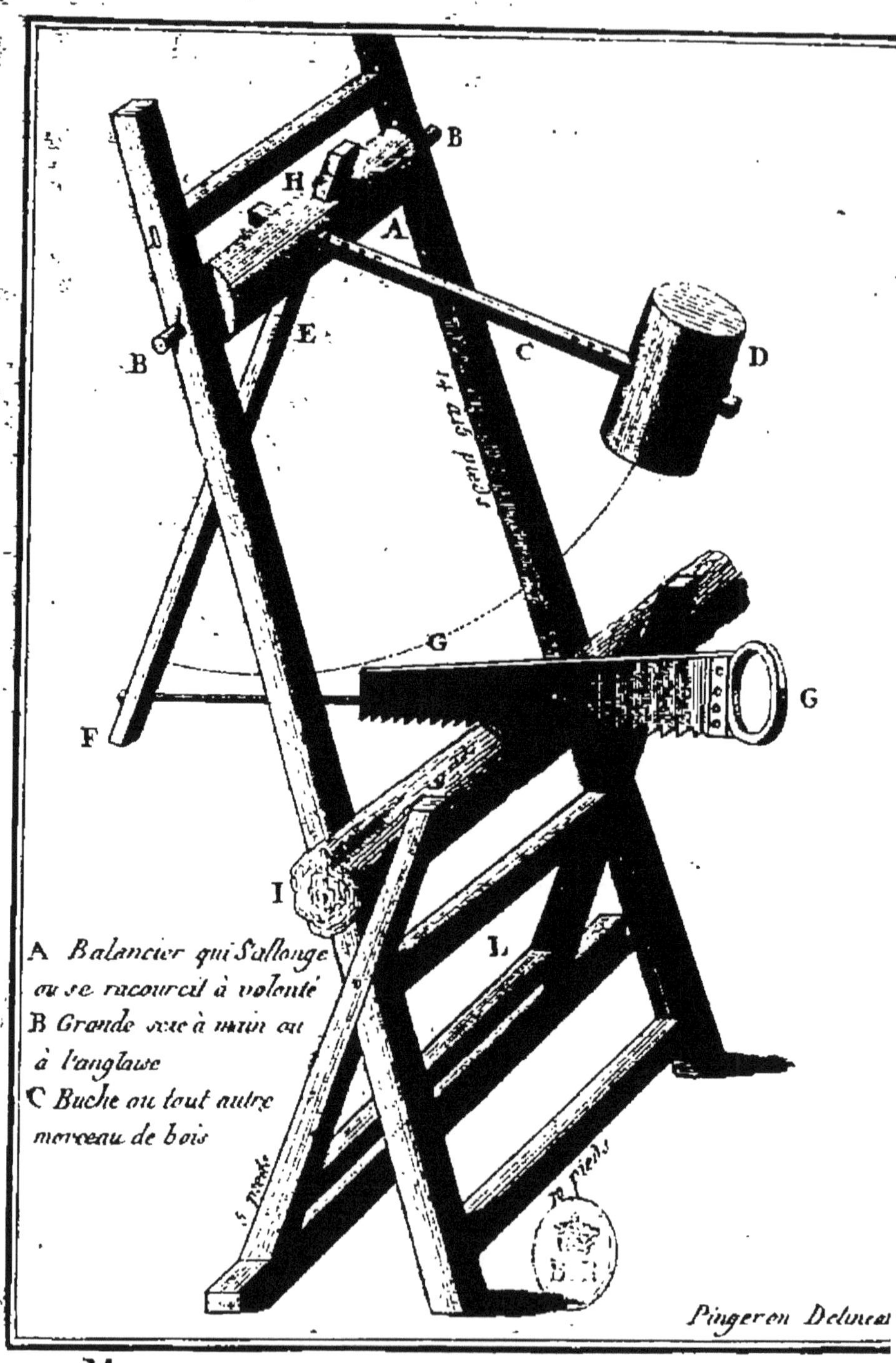


MACHINE POUR SCIER LE GROS BOIS

# DESCRIPTION

*D'une machine très-simple, par le secours de laquelle un homme seul peut scier autant de bois de chauffage que deux personnes, dans le même temps, et avec beaucoup plus de facilité ;*

Tirée des mémoires manuscrits de M. PINGERON, sur les arts utiles et agréables, article *Économie domestique.*

CETTE machine, qui a été imaginée par feu M. François, Ingénieur des ponts et chaussées pour la province d'Alsace, n'est à proprement parler qu'un chevalet pareil à ceux dont on se sert communément pour scier le bois, avec cette différence, que les deux côtés de la partie qui est opposée à celle qui regarde le plus près celui qui scie, sont prolongés jusques à la hauteur de 12 à 14 pieds, comme on peut le voir dans la figure ci-jointe. Ces deux montans sont réunis dans le haut, par une traverse au-dessous de laquelle est placé un petit cylindre A, dont les tourillons B B traversent ces mêmes montans. Ce cylindre est, 1°. traversé par le manche C, d'une espèce de masse D qui fait la fonction d'un banlancier ; 2°. par une longue pièce de bois E qui fait un angle droit avec la direction du manche de la masse D : c'est à l'extrémité F que l'on attache une grande scie à main, désignée par la lettre G, qui ressemble à celles dont on se sert le plus volontiers dans toute l'Angleterre, et chez les ébénistes en France. Le manche de la masse D pouvant avancer plus ou moins dans le cylindre A, et s'y fixer au point que l'on desire, au moyen de la cheville H, il est facile de voir que l'on peut faire faire au balancier des oscillations plus ou moins grandes, selon que les cas l'exigent. Il est présque inutile de dire qu'en construisant une pareille machine, on doit donner les dimensions convenables aux deux longs montans et au manche de la masse qui sert de balancier, pour que l'homme qui scie le bois, ne puisse jamais être atteint par la masse, quand celle-ci est en mouvement ; il convient même qu'elle passe à deux pieds de sa tête, pour le moins.

## Usage de cette Machine.

On place la buche I sur le chevalet ; et s'il arrivoit qu'elle fût plus courte que la traverse L, on la fixeroit sur cette dernière, avec deux ou trois chevilles de fer d'une certaine longueur. On arrêteroit le manche de la masse ou contre-poids, au point que la puissance jugera le plus favorable pour elle. On attachera ensuite la scie à main avec une corde à la pièce de bois E, et l'on aura soin que les dents de la scie soient tournées du côté opposé au scieur, pour qu'il puisse éprouver une sorte de soulagement et d'aide de la part du contre-poids D.

On n'ignore point que les balanciers n'augmentent point la force de la puissance, mais ils servent à égaliser le mouvement qu'elle imprime ; or, cette égalité et cette disposition au mouvement, que donne le balancier D, dans la machine que l'on vient de décrire, sont telles que l'on y scie le bois le plus dur presque sans effort, et avec une grande vitesse. L'essen-tiel est de trouver le point juste où les oscillations du balancier D, favorisent le plus l'homme qui scie.

J'ai vu opérer cette machine au château de Niderwiller, sur les frontières de l'Alsace, dans la province des Trois-Évêchés, qui appartient à M. le comte de Custine, maréchal des camps et armées du roi. Cette mécanique conviendroit à une grande maison où il y auroit beaucoup de poëles et par conséquent une grande quantité de petits bois à scier pour les alimenter.

F I N.

# TABLE

## DES MATIÈRES.

FIN DE LA TABLE.